어린이를 위한 올림픽의 모든 것

# 생각하는 올림픽 교과서

자료 제공

셔터스톡 20, 29, 36, 57, 64, 69, 76, 78, 79, 89, 97, 99, 101, 119, 134, 136,
140, 148, 156, 160, 164, 167, 171, 194, 198, 200, 202
밴쿠버시 아카이브 25 | 문화재청 23, 49, 52, 53 | 손기정기념관 44 | 독립기념관 46
연합포토 61, 72, 93, 117, 125, 156 | 대한체육회 86 | 중앙박물관 104

※ 이 책에 쓰인 자료는 정해진 절차에 따라 저작권자의 허락을 받아 사용하였습니다.
  자료를 제공해 주신 분들에게 감사드립니다.

※ 저작권자를 찾지 못하여 게재 허락을 받지 못한 자료에 대해서는 확인되는 대로
  저작권 상의를 하고 다음 쇄에 반영하겠습니다.

**생각하는 올림픽 교과서** 학교도서관저널 추천, 아침독서신문 선정, 전국학교도서관사서협회 추천

**펴낸날** 초판 1쇄 2017년 12월 1일 | 초판 6쇄 2023년 9월 1일

**기획** 한국방정환재단 | **글** 스포츠문화연구소 외 | **그림** 김대중
**편집** 김성은 | **디자인** 구민재page9 | **홍보마케팅** 배현석 송수현 | **관리** 최지은 이민종
**펴낸이** 최진 | **펴낸곳** 천개의바람 | **등록** 제406-2011-000013호
**주소** 서울시 영등포구 양평로 157, 1406호 | **전화** 02-6953-5243 | **팩스** 031-622-9413
ⓒ한국방정환재단 | ISBN 979-11-87287-67-4 73690

※이 책은 저작권법에 따라 보호받는 저작물이므로 무단전재와 무단복제를 금지하며,
  이 책 내용의 전부 또는 일부를 이용하려면 반드시 저작권자와 천개의바람의 서면 동의를 받아야 합니다.
  이 도서의 국립중앙도서관 출판시도서목록(CIP)은 서지정보유통지원시스템 홈페이지(http://seoji.nl.go.kr)와
  국가자료공동목록시스템(http://www.nl.go.kr/kolisnet)에서 이용하실 수 있습니다.
  (CIP제어번호: CIP 2017031384)

*잘못 만든 책은 구입하신 서점에서 바꾸어 드립니다. 천개의바람은 환경을 위해 콩기름 잉크를 사용합니다.
*종이에 베이거나 긁히지 않도록 조심하세요. 책 모서리가 날카로우니 던지거나 떨어뜨리지 마세요.

**제조자** 천개의바람 **제조국** 대한민국 **사용연령** 8세 이상

천개의 지식 03

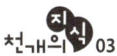

어린이를 위한
올림픽의 모든 것

# 생각하는 올림픽 교과서

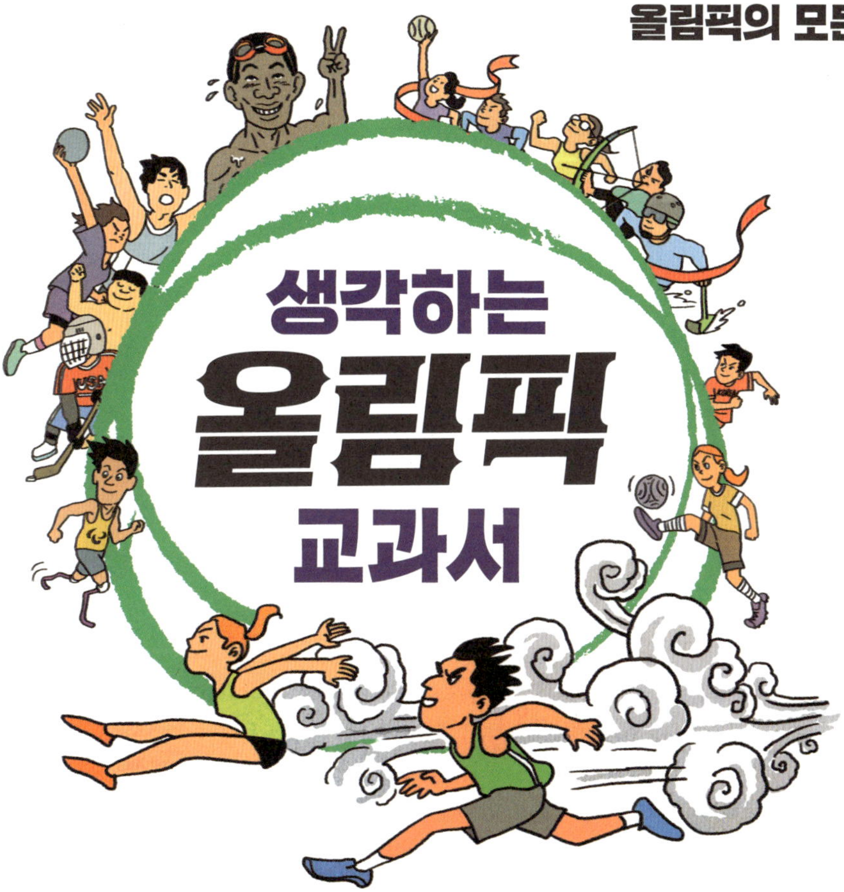

**한국방정환재단** 기획 | **스포츠문화연구소 외** 글 | **김대중** 그림

천개의 바람

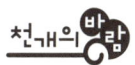

# 전 세계인의 스포츠 축제, 올림픽을 위한 교과서

소파 방정환은 1923년 〈어린이날 선언문〉에서 "잠자는 것과 운동하는 것을 충분히 하게 하여 주시오.", "어린이들이 서로 모여 즐겁게 놀 만한 놀이터와 기관 같은 것을 지어 주시오."라고 말했어요.

한국방정환재단은 그 정신을 이어받아 어린이들에게 더 깊고 넓은 스포츠의 세계를 소개하고 싶어 '생각하는 교과서' 시리즈를 시작하게 되었습니다. 재단의 취지를 이해해 준 좋은 필자와 출판사 덕분에 《생각하는 축구 교과서》, 《생각하는 야구 교과서》를 출간하여 독자의 많은 사랑을 받았습니다. 또한 이를 계기로 뛰는 스포츠에서 나아가 읽고 생각하는 스포츠의 필요성을 확인했고, 축구, 야구 등 인기 스포츠 종목을 넘어서 전 세계인의 스포츠 축제인 올림픽 교과서가 필요할 것이라고 생각했어요.

세계에서 가장 큰 스포츠 행사인 올림픽은 4년마다 한 번씩 열립니다. 변화하는 세계에 발맞춰 얼음과 눈을 이용한 경기 종목을 다루는 동계 올림픽, 장애인이 참여하는 패럴림픽은 물론 지적·자폐

성 장애인이 참가하는 스페셜 올림픽, 청각 장애인을 위한 데플림픽, 10대 선수들이 참여하는 유스 올림픽 등이 생겨났지요.

축구, 야구 등 몇몇 종목을 제외하면 올림픽이 유일한 국제 대회인 종목들이 많이 있어요. 패럴림픽, 유스 올림픽도 그렇지요. 장애인과 10대 청소년이 스포츠를 즐길 기회를 충분히 갖고, 자신의 기량을 펼칠 기회를 제공하는 이러한 올림픽의 장은 '운동하는 것을 충분히' 하게 하고 '서로 모여 즐겁게 놀 만한' 시설을 만들고자 했던 방정환 선생님의 뜻과 맞닿아 있습니다.

이제 《생각하는 올림픽 교과서》를 통해 어린이 여러분이 더 깊고 더 넓고 더 재미있게 올림픽 이야기를 즐기기를 바랍니다.

2017년 11월

한국방정환재단

## 올림픽이
## 늘 아름다웠던 것은 아닙니다.

    1896년 근대 올림픽이 되살아나면서 이제 올림픽은 많은 선수가 함께 참여할 수 있는 유일한 세계인의 스포츠 축제가 되었습니다. 나이로 치면 100살이 넘었으니 청년기를 훌쩍 넘어 이제 원숙한 시기로 접어들었어요.

    사람들은 올림픽을 통해 다양한 이야기를 해 왔어요. 동시에 올림픽이 인류의 가치와 이상을 구현하는 장이 되기를 바랐지요. 비록 겉으로는 올림픽이 육체적인 스포츠 경쟁으로만 보였을지 몰라도 그 내면에서는 감정과 이성이 복합적으로 표현되는 인류의 보편적 가치를 담고자 했습니다. 올림픽을 통해서 개인과 인류는 경쟁을, 인간 승리를, 저항을, 평등을, 평화를, 인권을, 소통을, 화합을 말해 왔던 것이지요.

    올림픽이 늘 아름다웠던 것은 아닙니다. 좋은 점도 많았지만 좋지 않은 점도 적잖이 보였습니다. 어쩌면 그 좋은 점과 좋지 않은 점이 종이 한 장의 차이일 수도 있겠고, 그래서인지 올림픽의 부작용을 줄이려는 노력은 늘 있어 왔지요. 그래요. 올림픽이란 육체적 경쟁은 다양한 가치와 아름다움을 담고 있기에 여러 역효과에도 불구하고 우리는 올림픽을 버리지 않고 있는지도 모르겠습니다.

이 책은 100년 이상의 나이를 가진 올림픽에 대한 이야기를 담고 있어요. 책 속에는 올림픽의 역사는 물론 올림픽의 가치와 효용성을 소개하고 있어요. 올림픽 경기장을 포함해 실용적인 이득과 경제적 가치도 살펴보고 있지요. 동계 올림픽과 패럴림픽도 소개합니다. 문학과 과학, 예술 영역에서의 역할도 함께 살펴보았어요.

저자들은 올림픽을 사랑하고 지키기 위해 펜을 들었어요. 올림픽에 얽힌 다양한 이야기를 통해 올림픽이 더 잘 알려지기를 기대합니다.

이 책이 나올 때까지 '천개의바람' 식구들이 많은 수고를 해 주었습니다. 기획해 준 한국방정환재단과 객원 필자로 참여해 준 김재룡, 정윤수, 정성훈에게 감사의 말을 전합니다. 어린이 독자 여러분도 즐겁게 읽고 올림픽을 더 많이 사랑해 주기 바랍니다.

2017년 11월
스포츠문화연구소장 이대택

**책을 펴내며**
전 세계인의 스포츠 축제, 올림픽을 위한 교과서 … 4

**머리말**
올림픽이 늘 아름다웠던 것은 아닙니다 … 6

## 고대 올림픽은 어떻게 탄생했을까? … 12

### 신을 기렸던 고대 올림픽
- 제례 행사였던 고대 올림픽 … 13
- 고대 올림픽은 얼마에 한 번씩 열렸을까? … 15
- 고대 올림픽은 왜 사라졌을까? … 19

`올림픽 뒷이야기` 왜 올리브 잎으로 올림픽 우승관을 만들었을까? … 22

## 근대 올림픽은 어떻게 시작되었을까? … 24

### 아름다운 스포츠 대제전 근대 올림픽
- 스포츠의 아름다움 … 25
- 상상력으로 새로 쓴 스포츠의 역사 … 28
- 근대 올림픽과 쿠베르탱 … 31
- 올림픽과 만국 박람회 … 35
- 쿠베르탱, 만국 박람회에서 개막식의 아이디어를 찾다 … 37

## 우리나라는 언제 처음 올림픽에 참가했을까? … 40

### 대한민국 최초의 올림픽 출전기
- 참으로 기막힌 한국의 첫 올림픽 출전기 … 41
- 올림픽에 참여하려면 어떤 자격이 필요할까? … 42
- 꼼꼼한 준비와 브런디지의 도움 … 45
- 국제올림픽위원회 총회에 참가하다 … 47
- 다시없을 올림픽 출전 승인 … 51

`올림픽 뒷이야기` 첫 출전한 올림픽, 남은 이야기 … 53

## 4장 올림픽은 세계 평화에 도움이 될까? …54
### 올림픽의 두 얼굴
- 올림픽은 욕망의 집합소 …55
- 인종 차별에 대한 저항을 보여 준 올림픽 …58
- 욕망을 뛰어넘어 스포츠맨십을 보여 준 손 …60
- 약물과 폭력에 얼룩진 올림픽 …63
- 우리는 올림픽에서 무엇을 보고 배워야 할까? …66

**올림픽 뒷이야기** IOC 그리고 IOC 위원 …68

## 5장 개막식에서는 무엇을 보여 줄까? …70
### 개최국의 자부심을 드러내다
- 단 한 번뿐인 공연, 올림픽 개막식 …71
- 강력한 국가주의의 전시장이 된 개막식 …77
- 전범 국가가 아니고 패전 국가라고? …83
- 런던 올림픽, 개막식의 의미를 되살리다 …85

## 6장 올림픽이 끝나면 주경기장은 어떻게 될까? …88
### 올림픽 주경기장 이야기
- 올림픽 개·폐막식이 열리는 곳, 올림픽 주경기장 …89
- 조선 백자 모양을 본뜬 잠실 주경기장 …91
- 올림픽 주경기장은 얼마나 클까? …93
- 주경기장은 올림픽이 끝나면 무엇을 할까? …95

## 7장 사람들은 왜 달리는 걸까? …100
### 하계 올림픽의 꽃, 마라톤
- 하계 올림픽의 마지막 경기, 마라톤 …101
- 우리나라 마라톤 이야기 …102
- 손기정의 후예들 …105
- 대한민국이 1, 2, 3위를 차지한 마라톤 대회 …108
- 평화를 향해 달리는 사람들 …112

**올림픽 뒷이야기** 인간 기관차라 불린 사나이 '에밀 자토펙' …114

## 동계 올림픽에는 어떤 종목이 있을까? … 116
### 얼음과 눈 위를 달리는 겨울 올림픽
- 겨울 종합 스포츠 대회 … 117
- 아이스하키는 언제부터 시작되었을까? … 119
- 승승장구하는 캐나다 아이스하키 … 122
- 빙판 위의 댄스 스포츠, 피겨 스케이팅 … 124
- 피겨 스케이팅, 성차별과 인종 차별에 도전하다 … 127

## 패럴림픽은 어떻게 치러지나? … 130
### 장애인 올림픽에서 배우는 스포츠의 가치
- 패럴림픽, 자신의 존재를 당당히 드러내다 … 131
- 패럴림픽은 언제부터 시작되었을까? … 132
- 패럴림픽의 종목에는 무엇이 있을까? … 135
- 평행(Parallel) - 우리는 썰매를 탄다 … 138
- 올인픽(All-In-pics) - 모두가 함께하는 올림픽 … 143

## 올림픽으로 얼마나 벌 수 있을까? … 144
### 올림픽과 경제
- 올림픽은 2주 동안 개봉되는 영화? … 145
- 올림픽 중계를 원하면 "돈을 내시오!" … 146
- 욕심 많은 IOC, 상업화에 물든 올림픽 … 150
- 올림픽 상업화의 후유증 … 153

> **올림픽 뒷이야기** 삼성전자·코카콜라·파나소닉·비자카드……
> 올림픽이 보증하는 제품들! … 155

## 11장 올림픽은 얼마나 많은 사람들이 볼까? … 158
### 올림픽을 제대로 보는 눈
- 10가구 중 2가구가 시청한 리우 올림픽 … 159
- 올림픽을 보는 이유, '피는 물보다 진하다' … 161
- 나의 애국심을 자극하는 것은? … 163
- 올림픽에서 1위를 하면 행복한 나라가 될까? … 166

**올림픽 뒷이야기** 올림픽에 반대하는 사람들 … 170

## 12장 올림픽을 다룬 영화는 뭐가 있을까? … 172
### 재미와 의미를 담은 스포츠 영화들
- 자메이카 선수들의 좌충우돌 동계 올림픽 출전기, <쿨 러닝> … 173
- 모든 이의 생애 최고의 순간을 위하여, <우리 생애 최고의 순간> … 175
- 실존 인물의 이야기, <불의 전차> … 177
- 어느 아이의 성장기 <슈팅 라이크 베컴>, <천하장사 마돈나> … 180

## 13장 올림픽은 누가 만들까? … 182
### 올림픽은 몸으로 쓰는 땀의 이야기
- 올림픽을 만드는 사람들 … 183
- 스포츠와 문학, 몸으로 쓰는 땀의 이야기 … 186

## 14장 스포츠를 왜 과학이라고 말할까? … 190
### 올림픽 속에 숨은 과학
- 선수는 과학이 증명한다 … 191
- 메달은 노력만으로 얻어지지 않는다 … 195
- 과학이 필수적인 올림픽 … 196
- 올림픽 과학의 역설 … 199

**올림픽 뒷이야기** 기록은 어떻게 단축될까? … 202

# 1장
# 고대 올림픽은 어떻게 탄생했을까?

## 신을 기렸던 고대 올림픽

"고대 그리스의 뛰어난 전사로 알려진 아킬레우스와 파트로클로스는 어려서부터 매우 친한 친구였습니다. 파트로클로스가 자기 대신 참가한 전쟁에서 사망하자 아킬레우스는 매우 슬퍼하며 부하들에게 친구의 유골을 잘 보관하라 했지요. 그러곤 군대를 한곳으로 불러 모아 장례 경기를 준비했어요. 전쟁 중이지만 많은 전차 경주자들이 모여들었습니다. 그들은 제비뽑기로 자리를 정한 뒤 출발선에 늘어섰습니다. 아킬레우스가 저 멀리 한 지점을 가리켜 그곳에 노신 포이닉스를 세우고 점수를 매기게 했어요. 곧 전차들이 먼지를 일으키며 달렸지요. 경기가 끝나자 아킬레우스는 이들에게 상을 내렸습니다. 그 다음에도 권투 경기, 격투기, 달리기, 창던지기 시합을 열어서 죽마고우인 파트로클로스의 죽음을 애도했습니다."

## 제례 행사였던 고대 올림픽

기원전 1200~1300년경, 그리스와 트로이 사이의 전쟁을 다룬 호메로스의 서사시 〈일리아스〉에 나온 이야기예요. 이처럼 고대 그리스에서는 죽은 이를 기려 장례식 때 각종 스포츠 경기를 치르는 일이 많았어요. 호메로스의 서사시처럼 고대 그리스의 시인들이 남긴 시나 고대 그리스의 화병, 조각품들을 통해 이때의 스포츠는 죽은 사람이나 신을 기리기 위한 제례 행사였다는 것을 알 수 있어요. 고대 올림픽도 그런 행사 중 하나였지요.

**부상당한 파트로클로스** | 아킬레우스가 파트로클로스의 팔에 붕대를 감아 주는 장면.

공식적으로는 고대 올림픽이 기원전 776년에 시작되었다지만 제례 행사의 성격을 가진 올림픽은 훨씬 오래전부터 열렸다고 전해져요. 아킬레우스가 친구의 죽음을 기리기 위해 장례 경기를 열었던 것처럼 올림피아 지방의 영웅이나 신을 기리기 위한 제례 경기가 이전에도 열렸을 것이라고 많은 학자들이 추측하고 있어요.

고대 그리스에는 '페리오도스periodos'라 불리는 순환 경기가 있었어요. 이것은 네 개의 그리스 도시 국가에서 열린 스포츠 축제를 뜻해요. 올림피아에서 열리는 '올림픽', 델포이에서 열리는 '피티아', 코린트에서 열리는 '이스트미아'와 네미아에서 열리는 '네미아' 경기가 바로 그것이에요.

이 순환 경기 또한 각각 고대 그리스의 신을 경배하기 위한 제례 행사였어요. 자신들의 안정이나 풍요, 국가가 이룬 업적에 대해 감사의 마음을 전하거나 영웅을 기리기 위해 신에게 이 경기를 바치는 것이지요. 올림픽과 네미아는 제우스를, 피티아와 이스트미아는 아폴로와 포세이돈을 기리는 행사였어

요. 이 가운데 올림픽이 가장 오래된 경기였고요. 이 경기들은 고대 그리스인들을 하나로 묶는 문화 행사로서의 역할도 했답니다. 고대 그리스인들은 영웅에 대한 존경, 함께 믿는 신에 대한 숭배를 나누면서 다른 민족과 자신들을 구별했어요.

### 고대 올림픽은 얼마에 한 번씩 열렸을까?

고대 올림픽도 지금처럼 4년에 한 번 열렸습니다. 이에 대해서는 고대 그리스인들이 4년을 한 주기로 생각했기 때문이라고 추측하지요. 고대 올림픽이 열렸을 초기에는 경기장 이쪽 끝에서 저쪽 끝까지 달리는 달리기 경기만 있었어요. 선수들은 경기장의 모랫바닥에 출발선을 그어 놓고 경주를 했지요. 이 경기를 보기 위해 그리스를 비롯하여 주변 도시 국가에서 수많은 사람들이 모였습니다. 이 달리기 경기를 바로 '스타디움 stadium'이라고 불렀어요.

고대 올림픽의 경기는 달리기뿐이었지만 기원전 708년부터는 레슬링, 멀리뛰기, 창던지기*, 원반던지기, 전차 및 마상 경기 등 다양한 종목이 더해지고 이를 치르기 위한 제례 기간도 늘어났어요. 경기를 치르기 위한 경기장도 만들어졌지요. 이때부터 현재의 올림픽과 같은 모습이 갖춰지기 시작했어요.

당시 경기에서 이긴 우승자들은 올리브 잎과 가지로 만든 관과 상금을 받았어요. 그리고 무엇보다 사람들의 존경을 받는 명

**창던지기**

창을 여섯 번 던져 그 가운데 가장 멀리 던진 거리로 승부를 겨룬다. 창의 길이는 남자용 260~270cm, 여자용 220~230cm이고, 무게는 남자용이 최소 800g, 여자용이 최소 600g이다.

예를 얻었고, 영웅으로 대접받기까지 했어요.

고대 그리스에서는 인간을 아름다움을 창조하고 덕성을 가진 존재라고 생각했어요. '덕성'이란 무엇일까요? 바로 인간이 가진 현명하고 꿋꿋한 마음, 강하면서도 착하게 살고 싶은 마음을 뜻해요. 고대 그리스인들은 올림픽에서 우승하는 것이 강한 신체와 함께 덕성을 가지는 일이라고 생각했어요. 오늘날 우리가 스포츠 활동을 통해서 배우고 익히고자 하는 '스포츠 정신'을 그들은 이미 알고 있었던 거예요.

이렇게 올림픽 경기는 고대 그리스인들에게 신성하고 명예로운 것이었기에 무엇보다 반칙에 대해서 매우 엄격했어요. 근대의 스포츠보다 규칙은 훨씬 단순했지만 그 규칙을 어기거나

**고대 그리스의 레슬링 장면** | 고대 올림픽 5종 경기인 달리기, 레슬링, 멀리뛰기, 창던지기, 원반던지기를 합쳐 5종 경기를 뜻하는 '펜타슬론(pentathlon)'이라고 불렀다.

상대 선수를 돈으로 사는 등의 반칙이 드러나면 때에 따라서는 사형에 처해졌어요. 올림픽 경기가 시작되기 전에 선수와 지도자, 심판은 신에게 서약을 하고 경기에 임했어요. 경기를 하면서 올림픽 정신에 맞지 않는 행위를 하는 것은 신을 속이는 것이라 생각했어요. 이것을 보면 스포츠에 있어 규칙을 지키는 일은 예나 지금이나 변함이 없는 일이지요?

**기원전 510년경 도자기** | 운동을 준비하는 청년들의 모습이 담겨 있다.

특히 '여성의 올림픽 참가 금지'는 고대 올림픽에서 지켜야 할 중요한 규칙이었습니다. 남성들은 알몸으로 경기에 참여했고, 여성의 출입은 금지되었던 것이지요. '만약 여성이라는 것이 드러나면 산에서 거꾸로 내던진다.'는 법이 있을 정도였다니 상상이 안 가지요? 게다가 결혼한 여성은 올림픽 관람도 허용되지 않았답니다. 왜 이런 차별이 있었는지에 대해서는 그 기록이 정확하게 남아 있지는 않아요.

하지만 언제나 예외는 있는 법이지요. 칼리파테이라\*라는 여성은 선수를 돕는 교관으로 변장한 다음 아들 페이시로도스를 올림피아에 데리고 와서는 권투 경기에 내보냈어요. 그런데 페이시로도스가 우승을 하자 너무 기뻐한 나머지 칼리파테

**칼리파테이라**
페레니케라 불렸다고도 한다. 로도스 출신의 유명한 권투 선수인 디아고라스의 딸이었다.

이라의 정체가 드러나고 말았어요. 하지만 그녀의 아버지와 오빠, 아들까지 올림픽 우승자가 되었기에 그에 대한 존경의 의미로 처벌은 하지 않았다고 합니다. 하지만 그녀가 벌인 일 때문에 그 이후부터는 선수를 관리하는 교관도 선수처럼 알몸으로 오라는 조항이 새롭게 만들어지기도 했답니다.

한편 스파르타의 키니스카\*라는 여성도 자신의 전차를 올림픽 전차 경주에 내보냈는데, 그 전차가 우승을 거머쥐게 되었어요. 여성이 직접 참가하는 것은 사전에 막았지만 이렇게 전차를 내보내는 것처럼 간접적으로 참여하는 것까지 막을 방도는 없었지요. 그녀는 우승 뒤에 기념물을 세우고는 다음과 같은 명문을 새겨 두기도 했습니다.

**키니스카**
스파르타의 아르키다모스 왕의 딸. 기원전 396년, 392년 두 차례 전차 경주에서 우승했다.

> 스파르타의 왕들이 내 아버지이며 오빠다.
> 하지만 내 전차와 질주하는 말들과 함께,
> 나, 키니스카가 우승을 한 이후,
> 나는 내 초상을 여기에 세운다.
> 그리고 자랑스럽게 선언하노라.
> 모든 그리스의 여성 중에서
> 내가 최초로 우승관을 썼노라고.
>
> — <그리스 명문선집 13권 16장>

### 고대 올림픽은 왜 사라졌을까?

이웃 나라나 다른 민족들과 수많은 전쟁을 치른 고대 그리스인들은 시간이 흐르면서 신에 대한 믿음과 존경심의 빛도 함께 바래져 갔어요. 그러면서 올림픽 경기에 담긴 종교적인 의미도 조금씩 흐려지기 시작했어요.

이제 올림픽에 참가한 선수들은 승리를 하면 그 공을 제우스만이 아닌 자신에게로 돌리기 시작했어요. 그리고 신과 인간

**올림피아 제우스 신전** | 그리스 아테네 아크로폴리스의 동쪽에 있는 신전으로, 올림포스 12신 중 최고 신인 제우스에게 바쳐진 신전이다.

인 자신을 똑같다고 생각하게 되었어요. 신 앞에서 맹세했던 올림픽 경기에 대한 서약 또한 더 이상 지켜지지 않았습니다. 선수들은 반칙을 서슴지 않았고, 선수와 심판 사이에는 뇌물이 오고 가기 시작했어요. 이제 선수들은 규칙이나 공정함, 신에 대한 경배보다는 경기에서 이기는 것이 더욱 중요했어요. 과정이야 어찌 되었든 결과만이 중요해진 것이지요.

기원전 100년경에는 그리스가 로마의 식민지가 되어 지배를 받기 시작했어요. 그러면서 그리스 사람들은 자신의 종교와 문화, 철학을 점차 잃어버리게 되지요. 시간이 흘러 기원후 400년경, 다양한 신을 섬기던 로마에 가장 처음으로 기독교 황제인 테오도시우스 1세가 황제의 자리에 오르게 됩니다. 기독교는 하나의 신인 하느님만 섬기는 유일신 종교이지요? 테오도시우스 1세는 기독교 말고는 다른 종교를 믿지 못하도록 금지했어요. 이에 따라서 제우스 신을 섬기는 종교 행사인 올림픽도 열 수 없게 된 것이지요. 뿐만 아니라 다음 황제인 테오도시우스 2세는 이교도 신전을 무너뜨리라는 명령까지 내립니다. 엎친 데 덮친 격으로 460년경에는 제우스 신전마저 화재로 사라지게 됩니다.

시간이 흘러 로마도 멸망했지요. 올림픽 유적들은 점점 전쟁과 지진, 홍수로 인해 사라지거나 가려지게 됩니다.

초심을 잃으면 어떻게 되는지 고대 올림픽의 시작과 끝을 보면서 생각해 보아요. 이렇게 사라진 고대 올림픽은 안타깝게도 천 년이 훨씬 넘는 긴 시간동안 사람들의 머릿속에서도 완전히 잊히고 말았습니다.

글. 함은주(사회체육학 박사)

# 왜 올리브 잎으로 올림픽 우승관을 만들었을까?

올림픽에서 우승한 사람에게 씌워 주는 올림픽 우승관, 바로 월계관이라고 알려져 있지요. 그런데 고대 그리스 경기인 올림피아 제전에서 우승한 사람에게 씌워 준 관은 올리브 잎과 가지로 만든 것이었어요. 월계수 잎으로 만든 월계관은 고대 그리스 순환 경기의 하나인 피티아 우승자에게 주어졌던 것입니다. 근대 올림픽은 올림피아를 기원으로 하고 있지요. 그럼 올림피아에서는 왜 올리브 잎으로 우승관을 만들었을까요?

엘리스 그리스 남부, 펠로폰네소스 반도 서북쪽에 있는 지방. 고대 올림픽 경기의 발상지로 올림피아 유적이 있다 의 이피토스 왕은 고대 그리스인들이 세계의 중심이라 믿었던 델포이 신전에서 올림픽을 위해 신의 도움을 요청하는 기도를 올렸어요. 신은 올림피아에서 고운 거미줄로 뒤덮인 나무를 찾아보라고 했어요. 그리고 그 나무의 가지로 만든 관을 상으로 내놓으라는 답을 내립니다. 이렇게 신에게 묻고 답을 받는 것을 '신탁神託'이라고 해요. 고대 그리스 사람들에게 거미줄은 비가 온다는 징조였어요. 그리고 비옥함이나 풍요로움을 상징하기도 했어요.

이피토스 왕은 제우스 신전 뒤에서 그런 나무를 발견하여 그 잎과 가지로 우승관을 만들었습니다. 올림피아에서 찾은 고운 거미줄로 뒤덮인 나무. 그 나무가 바로 올리브 나무였어요. 제우스 신전에서 자라는 신의 나무는 코티노스 칼리스테파노스 kotinos kallistephanos, '아름다운 우승관을 만드는 올리브 나무'라는 이름으로 알려지게 되었답니다. 신의 나무로

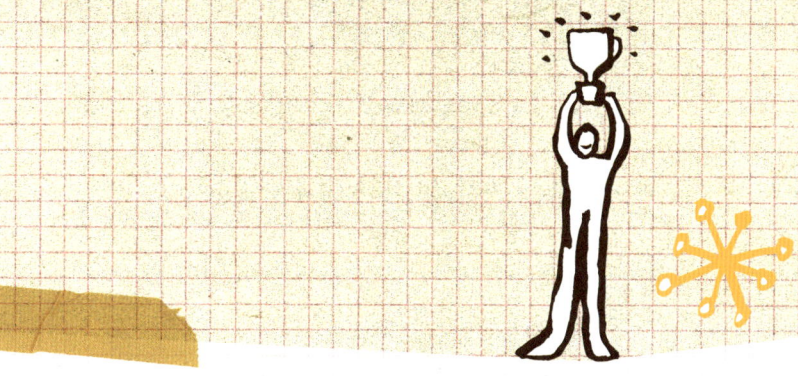

만든 우승관이기에 더 신성하고 영예로운 것으로 여겨졌어요.
그리스 신화에서 올리브 나무는 아테나 여신이 포세이돈과의 전쟁 중에 그리스인들을 돕기 위해 심은 나무라고 합니다. 올리브 나무는 그리스 아테네를 상징하는 나무이자, 풍요와 영광, 평화와 안정의 의미를 담고 있습니다.
베를린 올림픽의 마라톤 우승자인 손기정 선수도 월계관과 월계수 화분을 받았습니다. 현재 그 나무는 서울시 중구에 있는 손기정 공원에 심어져 있습니다.

**손기정 월계관** | 11회 베를린 올림픽 마라톤에서 우승한 손기정 선수가 받은 월계관. 월계관으로 알려져 있지만 사실은 월계수가 아닌 참나무 잎 우승관이다.

# 2장
## 근대 올림픽은 어떻게 시작되었을까?

**아름다운 스포츠 대제전 근대 올림픽**

4년마다 찾아오는 세계인의 스포츠 축제인 올림픽! 이 올림픽은 물건을 파는 행사도 아니고, 종교 집회도 아니에요. 그렇다고 여러 나라의 대통령들이 모여 회의를 하는 행사도 아닙니다. 다름 아닌 전 세계 사람들이 함께 즐기는 스포츠 행사입니다. 고대 올림픽은 신을 경배하는 제례 행사의 하나였지요? 고대 올림픽이 사람들의 기억 속에서 사라지고 난 뒤 천 년에 가까운 시간 동안 열리지 못했어요. 그러다가 드디어 근대 올림픽이 시작됩니다. 근대 올림픽은 언제, 왜 열리기 시작했을까요? 근대 올림픽의 역사를 살피기 전에 스포츠가 무엇인지 먼저 알아볼게요.

### 스포츠의 아름다움

스포츠의 영어 철자인 'sports'는 '전환하다'라는 뜻의 중세 영어 'sporten'이라는 단어에서 나왔어요. 이는 단순히 기분 전환 정도를 뜻하는 것이 아니라 사람들이 일이나 규칙, 질서 등을 잠시 잊고 놀이의 한순간으로 '전환'한다는 뜻을 가지고 있어요. 이렇게 전환이 되면 어떤 일이 일어날까요? 답답한 공부나 지루한 업무, 의무적으로 해야 하는 일의 무게로부터 잠시나마 벗어날 수 있겠지요? 한여름 바닷가에 가면 나도 모르게 바닷가로 달려가곤 하잖아요. 누군가 공을 좀 차 달라고 하면 어떤가요? 그 순간 호날두나 박지성처럼 멋있게 차고 싶어지지 않나요? 이렇게 한순간에 우리 기분은 '전환'이 되기도 한답니다.

1954년 영국 옥스퍼드 의대생인 로저 베니스터는 당시로써는 불가능하다고 여겨졌던 '1마일<sub>약 1,609m</sub>을 4분 이내로 뛰는 일'에 성공합니다. 그는 어린 시절, 처음 달리기를 하던 때를 이렇게 기억하지요.

"지표면이 나와 함께 움직이고 있는 것처럼 느껴졌어요. 나는 달리고 있

로저 베니스터(1929~2018) 세계 최초로 '1마일 4분' 벽을 깬 육상 선수. 왼쪽이 로저 베니스터이다.

었고, 신선한 리듬감이 내 몸속으로 스며드는 기분이었어요. 그때 나는 지금까지 결코 존재한다고 생각해 본 적이 없는 힘과 아름다움의 새로운 근원을 발견했어요."

바로 이런 '즐거움'이 스포츠의 핵심이라고 할 수 있어요. 그런데 이 '즐거움'은 평범한 수준에서는 좀처럼 만나기 어려워요. 보통 사람이라면 엄두도 내지 못할 수준으로 해내야만 그 전환의 즐거움이 아주 커지는 것이지요.

2014년 2월, 남자 장대높이뛰기의 르노 라빌레니(프랑스)가 6m16cm라는 신기록을 세웠어요. 이는 1993년 2월 21일 세르게이 부브카(우크라이나)가 세운 6m15cm를 21년 만에 경신한 세계 신기록이었지요. 이 현장을 지켜보며 박수를 보낸 부브카는 "위대한 날이다. 내가 6m15cm를 날아오른 고향 땅에서 라빌레니가 새로운 기록을 세우니 더욱 기쁘다."며 축하 인사를 전했어요.

장대높이뛰기 장면을 한번 상상해 볼까요? 선수가 나와 장대를 들고 한참을 뛰어가다가 땅에 냅다 꽂고는 그 반발하는 힘을 이용해 하늘 높이 솟구치지요. 그 높이가 무려 6m가 넘는 것입니다. 6m는 어느 정도의 높이일까요? 우리나라 대부분의 아파트 한 층 높이는 2m30cm 정도입니다. 그러니까 르노 라빌레니 선수는 대략 아파트 3층 정도의 높이를 장대 하나에 의지해 훌쩍 뛰어넘었다는 이야기예요. 정말 대단하지요? 바로 이럴 때, 스포츠가 주는 '전환의 즐거움'이 극대화된다고 할 수 있지요.

올림픽에 나가는 선수들은 바로 그 목표, 즉 신기록을 통해 극대화된 인간의 능력을 보여 주려고 합니다. 이를 위해 오랫동안 훈련을 해요. 그것만이 아니지요. 거기에 덧붙여 과학적인 상상을 하기도 하지요. 그 노력이 바로 올림픽이 걸어온 역사라고 할 수 있어요.

### 상상력으로 새로 쓴 스포츠의 역사

1896년 1회 아테네 올림픽 때로 거슬러 올라가 볼까요? 당시 육상 100m 결승선에 선 토머스 버크는 땅바닥에 머리를 숙이고 엉덩이만 치켜세운 채 출발 신호를 기다렸습니다. 당연한 게 아니냐고요? 지금이야 이 자세가 익숙하지만 당시엔 모두 서서 출발을 했어요.

토머스 버크는 독특한 자세인 '크라우칭 스타트'* 자세로 금메달을 땄고, 이 자세는 이후 100년이 넘는 동안 이어져 왔어요.

수영은 어땠을까요? 1936년 베를린 올림픽의 배영 선수로 출전한 열일곱 살의 아돌프 키에프는 플립 턴$^{flip\ turn}$을 가장 처음 구사한 선수였어요. 당시에는 모든 선수들이 손으로 벽을 짚은 다음 턴을 했어요. 그런데 그는 턴 지점을 1m 쯤 남겨 놓고 몸을 뒤집어 발로 터치해 턴을 한 것이지요. 그러면서 턴을 하는 시간도 줄고, 콘크리트 벽을 발로 힘껏 참으로써 그 반발하는 힘 덕분에 속도를 더욱 높일 수 있었어요. 키에프는 플립 턴을 써서 금메달을 땄어요. 그리고 지금은 모든 수영 선수가 플립 턴을 하고 있습니다.

과학적 상상력의 압권은 딕 포스버리라고 할 수 있어요.

**크라우칭 스타트 (crouching start)**
서서 출발하는 것이 아닌 웅크린 채 출발하는 자세를 말한다. 스타팅 블록을 사용하는 크라우칭 스타트에서는 앞발과 뒷발의 각도가 다르다. 앞발을 의지하는 블록의 각도는 지면에 대하여 약 45도의 경사, 뒷발을 의지하는 블록의 각도는 약 70~80도 정도가 적당하다.

**스타팅 블록을 사용하는 크라우칭 스타트** | 1896년 육상 100m에 출전한 토머스 버크가 시작한 자세이다. 이 자세는 이후 100년 동안 이어져 오고 있다.

    1968년 멕시코시티 올림픽 높이뛰기 종목에 출전한 그는 최초로 2미터 장벽을 넘어 2.24m라는 놀라운 기록을 세웁니다. 그때는 모두가 달려가는 방향으로 가슴을 안으로 접거나 웅덩이를 건너뛰듯이 두 발을 교차하며 바를 넘었지만 딕 포스버리는 달랐어요. 그는 앞으로 달려가는 힘을 수직으로 높이기 위한 가장 좋은 방법을 찾아냈습니다. 그것은 바로 등으로 바를 뛰어넘는 것이었어요. 지금은 높이뛰기 선수들이 대부분 그렇게 하고 있어서 너무 당연해 보이는 모습이지요?

이렇게 선수들은 다양한 상상력을 드러내어 인간의 한계를 뛰어넘어 왔어요. 그것이 바로 스포츠의 세계입니다. 여기에서 가장 중요한 것은 앞에 이야기한 모든 선수들이 '규칙'을 지키면서 도전했다는 것이지요. 스포츠 규칙은 엄격해서 때때로 선수를 제한하기도 해요.

사격을 한번 살펴볼까요? 사격 규칙은 매우 엄격해요. 공기소총 규칙 중 멜빵에 관한 조항을 잠시 볼게요. "멜빵은 폭이 최대 40mm까지 허용되며 왼팔 윗부위에만 맬 수 있고 소총 전단의 한 지점에만 달 수 있다. 또한 손이나 손목의 한쪽만을 따라서 지나가야 하고 멜빵 고리와 멈추는 장치인 손멈치를 제외하고는 멜빵이나 멜빵 부착물의 어떠한 부위도 소총에 닿으면 안 된다."고 되어 있어요. 아주 상세하게 정해져 있지요? 올림픽의 다른 종목들도 이처럼 세세한 규정과 규칙 속에서 진행이 됩니다. 앞서 말했듯 이런 규칙은 선수들을 제한하기도 해요. 하지만 규칙이 있어 경기가 난장판이 되는 것을 막아 주기도 하지요. 규칙은 선수가 자신의 능력을 최대치로 발휘할 수 있도록 돕습니다.

규칙이 없다면 경기는 이루어질 수 없어요. 하지만 선수들은 최고의 기록을 위해 규칙 안에서 규칙을 넘어섭니다. 많은 사람들의 마음 안에도 규칙과 금기와 제약을 넘어서고 싶어 하는 욕구가 있지요. 그것이 올림픽에 출전한 선수들을 보면서 우리가 환호하고, 박수를 보내고, 감동을 받는 이유일 것입니다.

### 근대 올림픽과 쿠베르탱

다시 근대 올림픽 이야기로 돌아올게요. 근대 올림픽 하면 누가 가장 먼저 떠오르나요? 바로 근대 올림픽의 창시자라 불리는 프랑스의 쿠베르탱을 가장 많이 떠올릴 거예요. 역사라는 것이 어떤 한 사람에 의해 바뀌는 것은 아니지만, 복잡한 역사적 사건을 이해하기 위해서 한 사람을 중심으로 살펴보는 것이 편리할 때가 있어요. 저는 쿠베르탱을 중심으로, 그가 만났던 사람들과 영향을 받은 사건을 중심으로 올림픽 이야기를 해 볼게요.

**피에르 드 쿠베르탱(1863년~1937년)** | 1894년에 국제올림픽위원회를 창설하고, 2대 위원장을 맡았다.

프랑스 파리에서 태어난 쿠베르탱은 명문 귀족 출신이에요. 생시르 육군 유년 학교에 입학했다가 16세에 중퇴하고는 일찌감치 정치의 길로 들어섰어요. 그가 태어나던 무렵에 프랑스는 독일과 전쟁을 치렀어요. 프로이센-프랑스전쟁\*이라 불리는 이 싸움에서 프랑스는 크게 지고 맙니다. 독일의 비스마르크 수상이 프랑스의 베르사유 궁전에 와서 독일 제국임을 선포했을 정도로 프랑스인들에게는 굴욕감을 안겨 준 전쟁이었

**프로이센-프랑스전쟁**
프로이센의 지도를 받아 통일 독일을 이룩하려는 비스마르크의 정책과 그것을 막아 내려는 나폴레옹 3세의 정책이 부딪혀서 일어난 전쟁.

어요. 이처럼 민족주의가 지배하던 19세기 중엽 사람인 쿠베르탱은 자연스럽게 프랑스의 교육과 문화를 발전시켜서 이 굴욕에서 벗어나고자 했어요.

쿠베르탱은 생각했어요. 프랑스가 진 것은 프랑스 국민들이 정신적으로, 신체적으로 나약했기 때문이라고요. 특히 신체적인 훈련이 거의 없다시피 한 학교 교육을 비판했어요. 학교 교육이 바뀌어야 한다고 생각하고, 당시 경제 대국으로 떠오르던 영국과 미국 등을 방문했어요. 1889년에는 프랑스 교육부의 공식 임무를 띠고 미국과 캐나다의 교육 제도를 조사하기도 했습니다. 이때 쿠베르탱은, 모든 시민이 스포츠를 즐기면서 살아가는 미국과 캐나다의 활기찬 모습을 보고 충격을 받았어요. 또한 산업 혁명을 이끌었고, 당시 가장 강한 나라 중 하나였던 '대영 제국', 즉 영국을 방문해서도 많은 자극을 받았어요. 1883년부터 1887년 사이에 무려 12번이나 영국의 주요 도시를 돌면서 연구할 정도였으니까요.

'럭비'라는 경기를 알지요? 이 럭비는 경기 종목이기도 하고, 영국에 있는 도시 이름이기도 해요. 영국 중간쯤에 버밍엄이라는 큰 도시가 있고 거기서 동쪽으로 가면 워릭셔 카운티라는 지역이 있어요. 그 안에 '럭비'라는 도시가 있지요. 럭비는 철도 교통의 중심지이기도 하고, 가축 시장과 전기 기계 공장으로도 유명해요. 이곳의 사립 중등학교 이름이 럭비스쿨인데

**럭비스쿨** | 영국 워릭셔 주에 있는 퍼블릭 스쿨이다. 퍼블릭 스쿨은 영국의 명문 사립 중등학교를 말한다. 럭비 경기가 처음 시작된 학교이기도 하다.

1567년에 세워졌어요. 임진왜란(1592)이 일어나기도 전이니 아주 오래된 학교이지요?

산업 혁명이 본격적으로 진행된 18세기 이후 럭비스쿨 같은 학교에서는 체육을 아주 중요하게 생각했어요. 자본주의가 빠르게 발달하면서 더 많은 노동력을 요구하게 되었고, 교육을 통해 산업화 사회에 알맞은 사람을 길러 내는 것이 필요했어요. 출신 지역, 계층에 상관없이 많은 청소년들이 학교에 다녀야만 했던 이유였지요.

그로 인해 학교의 상황도 조금씩 달라졌어요. 사립 학교들은 특히 교칙을 중요하게 생각하며 학생을 교육했어요. 그 대표적인 인물이 1828년부터 1840년까지 럭비스쿨의 교장이던

**토머스 아놀드(1795~1842)** | 영국의 교육자이자 역사가이다. 럭비스쿨의 교장으로 학교의 교육을 바꾸기 위해 노력했다.

토머스 아놀드입니다. 이 학교에서 했던 스포츠가 바로 축구와 비슷한 '럭비'였지요.

토머스 아놀드 교장은 스포츠란 정확한 규칙을 따르는 것이라고 생각했어요. 규칙을 따르면서 인격을 기르고, 자제력이나 끈기, 리더십 또한 기를 수 있다고 말이지요. 시민 사회가 점점 발달하면서 산업화 시대에 맞게 훈육, 자치, 권리, 의무, 절제력 같은 덕목이 근대적 시민이라면 꼭 갖춰야 할 덕목으로 떠올랐어요. 럭비스쿨, 이튼스쿨, 해로스쿨, 웨스트민스터스쿨 등에서는 이를 스포츠를 통해 실현하고자 했던 것입니다.

프랑스 교육을 개혁하고, 나아가 프랑스 국민들의 몸과 마음을 더욱 강하게 만들고자 했던 쿠베르탱은 럭비스쿨의 교육 이념에서 많은 영향을 받았어요. 사실 토머스 아놀드나 쿠베르탱만 그런 생각을 한 것은 아니었어요. 독일이나 스웨덴, 덴마크 등 여러 나라에서 스포츠를 통한 '근대적 인간의 양성'이라는 일종의 거대한 프로젝트가 진행되고 있었지요. 다만 쿠베르탱은 이를 하나의 종합 대회로까지 발전시킨 공헌이 있는 것입니다.

## 올림픽과 만국 박람회

여러 나라 선수들이 한 도시에 모여 각자의 기량을 겨루는 스포츠 대회, 오늘날 우리가 올림픽이라고 부르는 이 대회를 쿠베르탱 혼자 생각해 낸 것은 아니에요. 여기에는 역사와 경제가 함께 작용했어요.

독일의 학자 에른스트 커티우스는 정부의 지원을 받아서 1875년부터 6년 동안 고대 올림픽 발상지에 대해 연구했어요. 외과 의사인 윌리엄 페니 브룩스는 이미 1850년 '웬록올림픽* 협회'를 만들어 영국의 웬록에서 대회를 열기도 했어요. 올림픽 하면 떠오르는 단체 유니폼, 입장과 행진, 깃발 흔드는 모습 같은 것이 바로 웬록올림픽에서 선을 보였어요. 쿠베르탱은 1890년 10월에 브룩스의 초청으로 웬록을 방문했고, 이 대회를 보다 세계적인 규모로 열겠다고 다짐하지요.

그 무렵, 고대 올림픽의 발상지인 그리스 역시 올림픽의 부활을 시도합니다. 유럽의 여러 나라들이 민족주의 경쟁으로 치닫던 때인 1830년대에 그리스는 오스만 튀르크 제국(오늘날의 터키)으로부터 독립을 합니다. 이를 시작으로 고대 올림픽을 부활시켜 그리스의 힘을 보여 주고자 했던 것이지요.

1837년, 그리스의 왕은 산업 박람회의 일부 행사로 올림픽 경기를 열라고 지시합니다. 마침내 1859년 11월, 아테네 교외에서 '자파스올림픽'*이 열리게 되었지요. 비단 그리스만이 아

**웬록올림픽**
1850년을 시작으로 4년마다 열리고 있는 스포츠 경기 대회로, 머치 웬록 주민들의 건강 증진을 목적으로 시작되었다.

**자파스올림픽**
그리스의 사업가인 에방겔리스 자파스가 후원한 올림픽이다.

**1900년 파리 유니버설 박람회의 전경** | 쿠베르탱은 첨단 과학 기술을 전시하는 만국 박람회의 식전 행사를 보고 올림픽의 개막식을 생각해 냈다.

니라 영국, 프랑스, 독일, 그리고 미국과 캐나다에서도 자신들의 문화의 뿌리가 고대 그리스에 있음을 강조하기 위해 고대 올림픽을 본뜬 행사들을 곳곳에서 열었어요.

근대 올림픽은 이렇게 19세기의 민족주의 경쟁 때문에 생겨났다고 할 수 있어요. 그리고 여기에 한 가지 이유가 더 있어요. 바로 '만국 박람회'입니다. 세계 박람회, 국제 종합 박람회 등 여러 이름으로 불리는 박람회는 첨단 과학 기술을 전시하는 행사예요. 더불어 세계 여러 나라들이 문화 정보를 나누는 축제의 장이기도 하지요. 2,500년 전, 고대 페르시아 제국의 아하스에로스 왕이 자신들의 부와 문화를 자랑하기 위해 각 나라 대표를 초청하여 6개월 동안 둘러보게 한 것이 그 유래라고 합니다.

근대의 만국 박람회는 1851년 영국 런던에서 시작되었어요. 산업 혁명을 주도한 영국이 만국 박람회를 신기술과 무역의 전시장으로 활용한 것이지요. 이에 프랑스도 1889년에 프랑스 혁명 100주년을 기념해 만국 박람회를 열었어요. 이때 그 유명한 에펠탑이 세워져서 프랑스의 과학 기술 수준을 널리 알리기도 했지요. 이후 많은 나라들이 앞다투어 만국 박람회를 열고자 했어요. 한마디로 만국 박람회는 근대 산업의 전시장이자, 자본주의 발달을 보여 주는 백화점이라고 할 수 있어요.

### 쿠베르탱, 만국 박람회에서 개막식의 아이디어를 찾다

쿠베르탱은 유럽 여러 곳에서 열리는 크고 작은 박람회를 다 살펴보았어요. 특히 1889년 파리 만국 박람회에서 본 화려하면서도 위엄 있는 식전 행사에 큰 감동을 받았어요. 프랑스

대통령과 정부 주요 인사, 그리고 여러 나라 대표단의 연설이 끝나고 군대 사열식이 화려하게 펼쳐지는 것을 보고 쿠베르탱은 무엇을 떠올렸을까요? 네, 바로 올림픽의 가장 중요한 행사인 '개막식'이라는 아이디어를 생각해 내었어요. 화려한 음악에 맞춰 입장하는 선수들, 각 나라의 국기와 올림픽 깃발 게양, 선수단 선언 등이 이어지는 개막식의 모습을 말이지요.

마침내 1892년 11월 25일, 파리의 소르본느 대학에서 역사적인 회의가 열립니다. 프랑스 스포츠의 권위자들이 모두 참석하는 중요한 회의였지요. 원래는 프랑스 국내 스포츠를 어떻게 발전시킬 것인가에 관한 회의였는데, 이 회의에 참석한 쿠베르탱이 국제적인 차원의 스포츠 대회를 창설하고 발전시킬 방안을 내놓게 됩니다. 그로부터 2년 뒤인 1894년 1월에 쿠베르탱은 유럽 여러 나라의 권위 있는 스포츠 단체와 클럽에 국제회의를 창설하자는 취지의 안내문을 보냅니다. 같은 해 6월 23일, 소르본느 대학에 스포츠 관계자 79명이 모였습니다. 이번에는 프랑스 사람뿐만 아니라 유럽 여러 나라의 왕족과 귀족, 각국 스포츠협회와 교육 기관의 대표자들이 모였지요. 그들은 8일 동안 회의를 한 끝에 '아마추어리즘'*과 '올림픽 정신'이라는 데 의견을 모읍니다. 그리고 '국제올림픽위원회IOC'를 창설하지요. 고대 아테네의 올림픽 정신을 부활시킨다는 의미에서, 의장은 상징적으로 그리스 작가인 디미트리오스 비켈라

**아마추어리즘**
스포츠를 생계 수단으로 생각하는 것이 아니라, 자신의 노력을 통해 즐기는 활동으로 생각하는 사고방식이나 태도.

스가 맡았어요. 쿠베르탱은 IOC 사무총장으로 선출되었고요. 그로부터 2년 뒤인, 1896년 4월 6일에 1회 근대 올림픽이 아테네에서 열리게 되었습니다.

이처럼 근대 올림픽이 열리게 된 데에는 쿠베르탱의 피나는 노력이 있었지만, 혼자만의 뛰어난 생각으로 이뤄 낸 것은 아니에요. 19세기 중후반 유럽 여러 나라들의 정치적, 경제적, 문화적 이유가 복합적으로 합쳐졌기에 가능한 일이었어요. 근대 산업 사회를 뒷받침할 청소년 교육, 연이은 전쟁을 대비하기 위해 필요했던 신체 훈련, 자본주의 경쟁에서 이기고 싶었던 여러 나라의 문화적 과시, 저마다 자신들이 위대한 민족 문화의 전통을 갖고 있음을 알리고 싶은 의욕 등이 겹쳐진 결과이지요. 이러한 각 나라의 열망에 따라 근대식 군대 사열식과 만국 박람회의 전시 형태가 고대 그리스 올림픽 제전의 형식을 빌려 올림픽 대회와 그 개막식으로 등장하게 된 것입니다.

**1회 근대 올림픽 포스터**

글. 정윤수(문화 평론가)

# 3장
# 우리나라는 언제 처음 올림픽에 참가했을까?

대한민국 최초의 올림픽 출전기

올림픽에서 가장 감격적인 장면은 언제일까요? 아마도 개막식 때 우리나라 선수들이 태극기를 들고 입장하는 모습이 아닐까요? 하지만 올림픽에 한 나라의 국기를 들고 참여하는 것이 그리 간단한 일은 아니에요. 이를 위해서는 하나의 독립된 국가임을 국제올림픽위원회로부터 인정받아야 합니다.

그럼 우리나라는 언제 처음 올림픽에서 태극기를 들었을까요? 정답은 바로 1948년 스위스의 생모리츠 동계 올림픽입니다. 그리고 같은 해 여름에 열린 런던 하계 올림픽에도 참가했는데, 하계 올림픽으로는 첫 참가의 기록이 됩니다. 지금으로부터 대략 70년 전 일이지요.

### 참으로 기막힌 한국의 첫 올림픽 출전기

생모리츠 동계 올림픽은 1948년 1월 30일에 시작해 2월 8일에 막을 내립니다. 그리고 런던 하계 올림픽은 1948년 7월 29일에 시작해 8월 14일에 끝나지요. 1948년 8월 15일은 무슨 날일까요? 맞아요. 바로 대한민국 정부 수립일입니다. 뭔가 이상하지요? 그래요. 다시 말하면 생모리츠 동계 올림픽과 런던 하계 올림픽이 끝나기 전까지 우리나라에서는 공식적인 정부가 세워지지 않았던 거예요. 다시 말하면 대한민국은 국제적으로 국가임을 선포하기도 전에 올림픽에 참가한 거지요. 그것도 태극기를 들고서 말이에요.

지금까지도 대외적으로 국가의 형태를 갖추지 못하거나 국가로 인정받지 못한 상태에서 그 나라의 국기를 들고, 나라 이름을 쓰면서 올림픽에 참여한 경우는 없어요. 그런데 우리나라는 1945년 8월 15일에 일제로부터 벗어난 뒤 새로운 나라의 틀을 갖추고 정부를 세우기도 전에 올림픽에 참여한 거지요. 그것도 올림픽 역사에서는 가장 특이한 방식으로

**생모리츠 동계 올림픽 포스터** | 1948년 스위스 생모리츠에서 5회 동계 올림픽이 열렸다. 이 대회는 우리나라가 가장 처음으로 출전한 올림픽이다.

말이지요. 도대체 무슨 일이 있었던 걸까요?

### 올림픽에 참여하려면 어떤 자격이 필요할까?

올림픽 참여 자격은 어떻게 얻을 수 있을까요? 국제올림픽위원회 규정에 따르면 올림픽에 참가하려는 나라는 올림픽이 열리는 해의 전년도에 개최되는 국제올림픽위원회의 총회에서 그 자격을 부여받아야 합니다.

그러니까 1948년 생모리츠와 런던에서 열리는 동계와 하계 올림픽에 참가하려면 1947년 6월에 스톡홀름에서 개최되는 국제올림픽위원회 총회에서 우리나라가 올림픽에 참여할 자격이 있음을 인정받아야 했던 거지요.

또 하나! 당시 올림픽에 참가하려는 국가는 총회가 열리기 전에 갖춰야 할 자격이 있었어요. 바로 올림픽 정식 종목 중에 최소한 5개 이상의 종목에서 세계연맹에 가입되어 있어야 했어요. 그러니까 이 조건은 1947년 6월에 개최되는 총회 이전에 갖추었어야 해요.

이처럼 올림픽에 참가하는 일은 의지만 있다고 해서 할 수 있는 건 아니에요. 오래전부터 참가국으로서의 자격을 얻어야 하고, 그 자격 조건을 갖추기 위해 철저하게 준비하고 계획해야 하는 일이지요. 그렇다면 우리나라는 이 모든 것을 해방 이후 아주 짧은 시간동안 모두 마쳤다는 걸까요?

답부터 말하자면 그랬습니다. 대한민국은 이 모든 일을 일사천리로 해결했어요. 지금이라면 불가능해 보이지만 결국 해냈지요. 물론 이 과정에는 숨은 공로자들이 많이 있습니다. 많은 사람들의 간절한 염원과 뜻, 그리고 노력이 합쳐져서 가능했던 일이에요.

**손기정(1912~2002)** | 일제 강점기 때 활약한 대한민국의 육상 선수이자, 체육인이다. 1936년 베를린 올림픽의 마라톤에서 금메달을 땄다.

그렇다고 해서 우리나라 사람들이 올림픽에 가고자 했던 열망이 해방 직후에 갑자기 생겨난 것은 아니에요. 일제 강점기 때 손기정 선수가 베를린 올림픽의 마라톤 종목에 나가 우승을 차지했어요. 그만큼 세계적인 경쟁에서 우리나라 선수가 일본 선수에 비해 절대 뒤지지 않았어요. 그리고 많은 선수와 체육인은 우리나라가 일본에 속한 나라가 아닌 독립된 나라의 국기를 가지고 올림픽에 나가기를 꿈꿨어요. 하지만 국가가 없던 우리로서는 그저 꿈에 불과했지요. 그러다가 해방과 함께 그 오래된 꿈을 이룰 수 있는 기회가 찾아온 거예요.

해방이 된 다음 해인 1946년부터 조선체육회<sup>현 대한체육회</sup>는 '조선올림픽대책위원회'라고 하는 조직을 만들어요. 당시 조선체육회 부회장이던 유억겸이 조선올림픽대책위원회 위원장으로 뽑히지요. 그리고 부위원장으로 전경무와 이상백을 임명합니다. 이들은 올림픽에 참가하기 위해서는 무엇을, 어떻게 준비해야 하는지에 대한 계획을 꼼꼼히 세우기 시작해요. 개별 경기 종목이 국제연맹에 가입하려면 어떻게 해야 하는지에서부터 미리 국제올림픽위원회의 관계자와 만나 우리의 올림픽 참가 의지를 전달하는 것까지 모든 과정을 계획하지요.

### 꼼꼼한 준비와 브런디지의 도움

부위원장인 전경무는 미국통이라고 불렸어요. 왜냐하면 해방 전에 조국의 독립을 위해 미국에서 활동했거든요. 그러니 영어에도 능숙했고, 적지 않은 미국인들과 사귀었어요. 부위원장인 이상백 또한 일본체육회에서 일한 경험이 있었고, 국제 스포츠를 잘 아는 사람이었어요. 조선올림픽대책위원회는 이들을 통해 구체적으로 일을 진행시켜 나갔답니다. 특히 당시, 국제올림픽위원회 부위원장인 미국인 애버리 브런디지에게 가장 많은 노력과 시간을 쏟아부었어요. 왜냐하면, 브런디지가 국제 스포츠 분야에서 영향력이 컸기 때문이에요. 또한 그는 한국에 대해서도 호감을 갖고 있었어요. 게다가 우리는 정부를 수립하기 전에 미 군정 아래에 있었기 때문에 브런디지가 한국에 더욱 애정을 가졌던 것으로 보여요. 이후 브런디지는 국제올림픽위원회 위원장이 됩니다.

이상백은 브런디지와 친분이 있었어요. 전경무와 이상백은 그들의 능력과 관계를 바탕으로 브런디지를 충분히 설득하려고 했어요. 왜 한국이 올림픽에 참가해야 하는지, 그리고 우리나라 선수의 수준이 어느 정도인지, 아마추어 스포츠의 가치와

**1948년 생모리츠 동계 올림픽** | 태극기를 앞세워 처음으로 동계 올림픽에 참가하는 대한민국 국가대표팀. 독립기념관 제공.

중요성을 얼마나 중요하게 생각하는지 등 한국이 올림픽 참가국으로서 필요한 요소를 갖추고 있음을 차분히 설명했어요. 그리고 당시 국제올림픽위원회 위원장에게도 편지를 보냈어요. 나아가 최소한의 자격 기준인 5개 종목의 국제연맹 가입까지 동시에 진행시켜 나갔어요.

  우리가 정부 수립을 하기 전인데도 올림픽에 초청을 받을 수 있던 것은 바로 이 사람들의 노력이 있어서입니다. 거기에 브런디지의 역할과 영향력이 더해졌던 것이지요.

브런디지는 한국에 머무는 군정 장관인 하지 중장에게 우리나라 선수들의 기량과 의지에 대해 물었어요. 하지 중장은 한국인의 경기력이 비록 국제적 수준에는 조금 못 미칠지 모르지만 이들이 가진 염원과 노력은 대단하다고 말했어요. 여기에 하나 더 보탠 것이 있다면 1947년 서윤복 선수의 보스턴 마라톤 우승 소식이에요. 이로써 우리가 올림픽에 참가할 수 있을 만한 기량을 갖추었음을 대외적으로 증명하게 되지요. 브런디지는 1947년에 열린 국제올림픽위원회 총회에서 한국의 올림픽 참가를 보증하게 됩니다. 한국 스포츠의 역량과 우리가 가진 희망을 인정받는 순간이었습니다.

### 국제올림픽위원회 총회에 참가하다

첫 올림픽 참가 과정에서 빼놓을 수 없는 이야기가 또 하나 있어요. 올림픽 참가를 위해 여러 노력을 기울인 이상백과 전경무에 관한 이야기예요. 그렇게 모든 준비가 끝나고 드디어 스톡홀름에서 있을 국제올림픽위원회 총회에서 참가 승인만 받으면 되는 상황이었어요. 조선올림픽대책위원회는 부위원장인 전경무를 대표로 보냅니다. 우리나라의 올림픽 참가에 대해 전경무만큼 그 내용을 잘 아는 사람도 없었으니까요. 전경무는 브런디지의 호의적인 태도와 지원 약속, 한국에 머무는 미 군정의 지원, 한국인들의 염원을 등에 업고 미군 비행기를 타고 스톡홀름으로 출발합니다. 그런데 그만 사고가 나고 말지요. 비행기가 일본 후지산 근처를 날다 불의의 사고를 당한 거예요. 이로 인해 비행기는 추락하고 타고 있던 모든 사람은 희생되고 맙니다.

이 소식은 곧바로 조선올림픽대책위원회에 전해졌어요. 국제올림픽위원회의 총회 일정이 얼마 남지 않은 상황에서 전경무의 사망 소식은 충격 그 자체였지요. 조선올림픽대책위원회는 급한 결정을 내립니다. 곧 미국에 있는 사업가인 이원순에게 발빠르게 소식을 보내지요. 전경무가 세상을 떠났으니 대신 스톡홀름 총회에 참석해서 우리의 참가 승인을 받으라는 내용이었어요. 이원순은 미국에서 성공한 사업가이면서, 많은 독립운동가들과 좋은 관계를 가지고 있었어요. 또한 조선체육회 회장인 여운형과도 친분이 두터웠고요. 그는 지난 2년 동안 전경무가 한국과 미국을 오가며 어떤 일을 진행시켰는지 아주 자세하게 알고 있었어요.

이원순은 전경무의 죽음을 슬퍼할 겨를도 없이 중요한 임무를 지게 되었어요. 그런데 문제는 다른 곳에서 도사리고 있었어요. 미국에서 수십 년을 살고 사업도 한 이원순은 미국 국적을 얻지 않고 조선인으로 살고 있었거든요. 그러니 여권도 없었지요. 사실 여권을 만들려 해도 아직 정부가 수립되지 않은 때라 만들 수도 없었어요. 이원순이 어떤 선택을 했을까요? 바로 사제 여권을 만들었어요. 인류 역사에서 찾아볼 수 없는 경우였지요. 자신을 증명할 여권을 내줄 나라가 없으니 그렇게라도 방법을 찾아낸 것입니다. 사제 여권에는 자신의 신체적 특성을 적는 것은 물론 당시 미국에서 일하던 부인 이매리의 경력까지 적어 넣고 공식적인 증명 절차도 마칩니다. 여권에는 다음과 같은 이유도 적혀 있었어요.

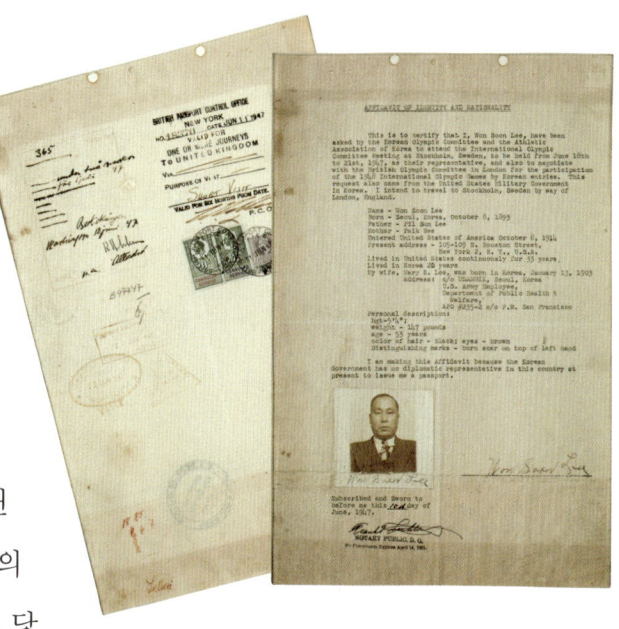

**이원순 여행 증명서** | 이 증명서는 이원순(1890~1993)이 1947년 6월 20일 스톡홀름에서 열리는 국제올림픽위원회 40차 총회에 우리나라 대표로 참석하기 위해 본인이 직접 작성한 것이다.

'나는 이번 조선체육회와 조선올림픽대책위원회의 요청을 받아 국제올림픽위원회 총회에 참석할 예정이다. 런던에 들러 영국 올림픽위원회와 1948년 런던 올림픽 참가를 의논하고자 한다.'

이원순은 그 사제 여권을 가지고 가서 영국 총영사관에 비자를 내 달라고 요청합니다.

생각해 보면 어이가 없지요? 한 나라의 정부가 공식적으로

3장 우리나라는 언제 처음 올림픽에 참가했을까? — 대한민국 최초의 올림픽 출전기

발행한 여권도 아닌데, 혼자 여권을 만들어서 비자를 내 달라는 모습이라니요. 이런 이원순의 요구에 대사관 직원 또한 어안이 벙벙해졌겠지요? 그러나 이원순은 물러서지 않았습니다. 사정이 절박했으니까요. 자리를 떠나지 않고 기다렸어요. 대사관 직원은 할 수 없다는 듯 자리에서 일어나 안으로 들어가 잠시 누군가와 논의했어요. 그러고는 곧 제자리로 돌아왔어요. 결과는 어떻게 되었을까요? 그 직원은 바로 비자 도장을 찍어 주었습니다. 정말이지 올림픽 역사에 길이 남을 한 장면이 맞지요?

하지만 문제는 거기에서 그치지 않았어요. 이번에는 비행기 표가 문제였어요. 일정이 촉박한 데다 예약도 거의 마감된 상태였어요. 그런데 다행히 딱 한 자리가 비어 표를 구해 스톡홀름으로 떠날 수 있었어요. 총회가 15일부터였으니 정말 아슬아슬하게 그 시간에 맞춰 도착했던 거예요.

### 다시없을 올림픽 출전 승인

이원순은 총회에 참석해 올림픽 참가 신청과 승인에 대해 이야기를 했어요. 대한민국이 왜 참가해야 하는지, 우리 선수들 기량이 얼마나 뛰어난지, 우리 선수들이 올림픽 정신과 헌장을 어떻게 지켜 나갈 것인지에 대해서도요. 그리고 마지막으로 우리나라 사람들의 염원이 이루어질 수 있도록 도와 달라고 간절히 호소했지요. 이원순은 숙소로 돌아가 결과를 기다렸습니다. 그로부터 사흘 뒤, 총회장으로 향하는 이원순에게 과연 어떤 소식이 기다리고 있었을까요? 그때 이원순의 마음은 어땠을까요?

총회장에 도착한 이원순은 드디어 한국의 올림픽 출전을 승인한다는 발표와 함께 참가자들에게 큰 박수를 받게 됩니다. 이원순은 머뭇거림 없이 여운형과 하지 중장에게 그 소식을 전했어요.

대한민국 올림픽 참가의 시작은 이렇게 놀라운 이야기를 가지고 있어요. 누가 들어도 그저 황당하고 기가 막힐 이야기지요. 이렇듯 우리나라의 최초 올림픽 참가 승인은 일제 강점기때였지만 스포츠로 민족의 자존심을 세우고자 했고, 울분과 억압에서도 절대 굴하지 않은 사람들의 하나된 마음이 있었기에 가능했어요. 또한 해방 직후 체육인들을 비롯해 사회 지도자들은 한 치의 주저함도 없이 태극기를 앞세워 올림픽에 참

**런던 올림픽 삼각 깃발** | 14회 런던 올림픽에 가지고 간 한국 대표 선수단의 깃발. 약 150cm 길이에 삼각형 모양을 하고 있으며, 왼쪽에 'KOREA', '1948'이 적혀 있고 태극기가 새겨져 있다.

여하기를 갈망했어요. 또한 당시 실력자였던 브런디지를 통해 사전에 필요한 작업을 치밀하게 진행했던 것입니다. 미군들도 성금을 모아 주었고, 우리 국민들도 십시일반 모금에 동참했어요. 우리는 열망했고, 그것을 이루기 위해 최선을 다했답니다. 그것이 대한민국 첫 올림픽 출전의 가장 큰 성과가 아닐까요?

글. 이대택(국민대학교 체육대학 교수)

## 첫 출전한 올림픽, 남은 이야기

1947년~1948년의 올림픽 참가 이야기, 어땠나요? 조선체육회 제작, 조선올림픽대책위원회 감독, 주연 전경무의 활약, 이상백의 막후교섭, 브런디지의 지원, 조연 이원순의 재치. 마치 빛나는 한 편의 드라마 같지 않나요?

**올림픽후원권** | 1948년 런던 올림픽에 파견할 대표단의 경비를 충당하기 위하여 발행한 복권형 후원권이다. 앞면에 전경무의 사진이 들어가 있다.

이 이야기들은 이미 알려진 사실도 있지만 아직 구체적으로 알려지지 않은 이야기들도 많이 있습니다. 특히 브런디지는 역사적으로도 미국 현대 스포츠의 거물이었으며, 그가 활동했던 자료는 '브런디지 컬렉션'이라는 이름으로 미국의 한 대학에 소장되어 있어요. 해방 후 한국 전쟁으로 인해 사라져 버린 수많은 국제 스포츠 사료들과 우리나라가 올림픽에 참가하게 된 많은 이야기들을 브런디지 컬렉션에서 찾아볼 수 있답니다. 당시 활약했던 사람들은 이후 어떻게 되었을까요? 전경무는 1995년 정부로부터 건국훈장을 받았고, 2004년에는 그의 유해가 대전 국립묘지에 모셔졌어요. 이상백은 이후 국제올림픽위원회 위원을 지냈으며 건국문화훈장과 모란장을 받았습니다. 이원순은 국민훈장 무궁화장과 애국장을 받았으며, 사회장으로 국립묘지 독립유공자 묘역에 모셔졌어요. 이원순은 자신이 가지고 있던 사제 여권, 1948년 대한민국 선수단 단복, 그리고 수십 장의 런던 올림픽 관련 사진을 기증했기 때문에 우리는 다행히도 올림픽 첫 출전의 역사가 담긴 물건들을 보관할 수 있게 되었답니다.

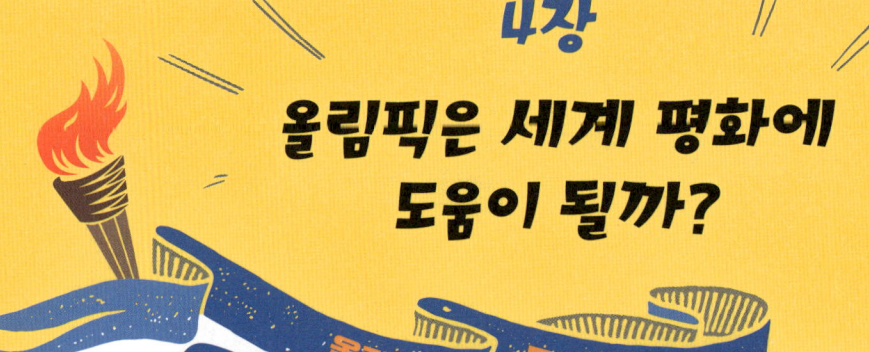

# 4장
# 올림픽은 세계 평화에 도움이 될까?

## 올림픽의 두 얼굴

올림픽은 정말 '더 빠르게, 더 높게, 더 강하게'를 외치며 경쟁하는 것이 전부일까요? 최고의 선수, 최고의 신체를 가리기 위한 경쟁심이 올림픽의 모든 것일까요? 그렇지는 않습니다. 근대 올림픽은 순수한 아마추어리즘을 기본으로 정치, 종교, 인종, 민족을 넘어선 세계 평화를 추구하며 출발했어요. 하지만 올림픽이 언제나 아마추어리즘을 실현하며 세계 평화에 기여해 온 것은 아니에요. 그런데 스포츠는 스포츠일 뿐이고, 올림픽은 올림픽일 뿐인데 상대 팀, 상대 선수, 상대 응원단을 미워하거나 혹은 그들과 화합하지 못할 이유가 있을까요? 또 누군가를 올림픽에 나오지 못하게 막을 이유도 없겠지요? 그런데 왜 올림픽이 실제로는 아마추어리즘을 실현하지 못했을까요?

### 올림픽은 욕망의 집합소

왜 올림픽은 세계 평화에 도움이 되지 못했을까요? 저는 그 이유를 인간의 욕망과 욕심 때문이라고 생각해요. 인간을 정의하는 말에는 여러 가지가 있지요. 지혜로운 인간을 뜻하는 '호모 사피엔스'나 놀이하는 인간을 뜻하는 '호모 루덴스' 등이 그것이지요. 철학자 칸트는 인간을 '생각하는 존재'라고 정의했어요. 그런데 올림픽에서는 인간을 '욕망의 주체자'라 정의할 수 있을 거예요. 얼마나 빠른지, 얼마나 더 높이 뛰는지, 얼마나 더 강해질 수 있는지를 밝히기 위해 끊임없이 도전해 온 것이 올림픽의 역사이니까요.

육상은 1912년 스톡홀름 올림픽에서 처음으로 세계 기록을 집계하기 시작했어요. 최초의 남자 100m 세계 기록은 미국의 돈 리핀콧이 세운 10초6입니다. 그는 스톡홀름 올림픽의 우승자예요. 그러니까 남자 100m에서 인간의 욕망은 10초6에서 시작된 셈이지요. '과연 10초의 벽을 깰 수 있을까?', '100m에서 9초대에 뛸 수 있을까?' 사람들은 이때부터 이런 욕망을 갖게 되었어요. 그런데 이 욕망에 대한 도전은 바로 56년 만에 깨졌어요. 1968년에 미국의 짐 하인스가 100m에서 9초9를 기록한 거예요. 하지만 사람들의 욕망은 거기에서 멈추지 않았어요. 1991년에 칼 루이스가 9초86의 기록을 세워요. 현재 100m 세계 기록은 자메이카의 우사인 볼트가 세운 9초58이에요. 그리고 지금도 많은 선수들이 그 기록을 다시 줄이기 위해 노력하고 있지요. 육상뿐만이 아니라 모든 운동 종목에서 신기록을 향한 도전이 끊임없이 이어지고 있어요. 이러한 도전은 인간이 가진 달리고 싶고, 뛰고 싶고, 던지고 싶은 순수한 욕망에서 비롯되었다고 할 수 있어요. 그러나 안타깝게도 인간의 욕망은 순수하게만 흐르지는 않는답니다.

올림픽은 나라별로 참여해요. 나라와 나라 사이의 경쟁을 피할 수가 없는 거지요. 우리나라 사람이라면 대한민국을 응원하게 되는 마음처럼 말이지요. 2차 세계 대전이 끝난 이후

生각하는 올림픽 교과서

**여러 나라의 국기들** | 나라별로 참여하는 올림픽에서는 나라와 나라 사이의 경쟁을 피할 수 없다. 올림픽은 시간이 지날수록 국력을 뽐내는 장으로 변해 갔다.

1988년 서울 올림픽 때까지는 미국과 소련*이 1위 자리를 놓고 경쟁을 벌였어요. 지금 중국과 미국이 그러는 것처럼 말이지요. 메달 경쟁만은 아니었어요. 올림픽을 자신의 나라에서 열고 싶어 했어요. 그 안에는 자신의 나라를 강대국이라 선포하고 싶은 욕망이 숨어 있었지요. 대표적인 예가 2014년 소치 동계 올림픽이에요. 당시 푸틴 대통령은 소치 동계 올림픽을 화려하게 치러 러시아의 옛 명성을 다시 찾고 싶어 했어요. 그래서 올림픽 역사상 가장 많은 예산인 510억 달러(58조 원)를 소치 동계 올림픽에 쏟아부었어요. 11개의 올림픽 경기장을 새로 짓는 통

**소련**
현재의 러시아를 중심으로 유럽과 아시아의 사회주의 국가들이 구성했던 연방국가. 1992년에 해체했다.

에 소치의 자연 환경은 크게 훼손되고 말았어요.

요즘은 메달을 따는 데 도움이 되기 위해 금지된 약물을 먹는 선수들도 늘고 있어요. 이 또한 올림픽을 통해 부와 명예를 차지하겠다는 인간의 바르지 못한 욕망을 보여 주는 모습이라고 할 수 있겠어요.

이처럼 올림픽은 인간의 다양한 욕망들이 모이는 곳이에요. 신체의 한계를 극복하고자 하는 아름다운 욕망, 국력을 뽐내고 싶은 욕망, 금지 약물을 통해서라도 우승하고 싶은 욕망, 심지어 올림픽을 통해 큰돈을 벌겠다는 방송사와 기업의 욕망까지……. 과연 올림픽은 욕망의 집합소라고 할 만하지요?

## 인종 차별에 대한 저항을 보여 준 올림픽

사람은 누구나 자유롭게 살기를 원해요. 차별받지 않는 평등한 세상을 말이지요. 올림픽에서도 인종 차별에 항의하며 자유와 평등에 대한 열망을 드러낸 선수들이 있어요.

1968년 멕시코시티 올림픽 육상 남자 200m 시상식에서 벌어진 일이에요. 당시 금메달리스트인 미국의 토미 스미스와 동메달리스트인 미국의 존 카를로스는 모두 흑인이었어요. 이들은 시상대에 올라선 뒤 고개를 숙인 채 검은 장갑을 낀 주먹을 하늘 높이 치켜들었어요. 바로 인종 차별에 대한 항의의 표시였지요. 은메달리스트인 호주의 피터 노먼은 백인이지만 이들의 항의에 동의한다는 의미로 인권 운동을 상징하는 배지를 달고 시상대에 올랐어요. 이들의 세리머니를 보고 수많은 흑인들이 감동의 눈물을 흘렸어요. 하지만 국제올림픽위원회IOC는 올림픽에서 금지된 정치적인 의사를 표현했다는 이유로 토미 스미스와 존 카를로스를 즉시 추방하고 메달까지 빼앗았답니다. 이후 피터 노먼은 호주로 돌아간 뒤 견디기 힘든 박해까지 받았어요. 호주는 당시 '백호주의'*를 정부 정책으로 시행하던 때였어요. 그런 시기였으니 인종 차별을 반대한 피터 노먼은 배신자 취급을 받았어요. 그는 힘들게 살다가 2006년에 심장마비로 쓸쓸한 삶을 마쳤답니다. 그가 세상을 떠나고 6년 뒤인 2012년, 호주 의회는 피터 노먼의 91세 어머니를 모신 자리에서 "노먼은 인종 차별에 대한 국제적인 관심을 불러일으키는 영웅적인 행동을 했다."고 고백하고는 뒤늦은 사과를 합니다.

여기에서 궁금함이 생기지 않나요?

인종 차별에 대한 저항은 인권을 지키기 위한 행동이잖아요. 이는 평화와 화합에 알맞은 가치이기도 하고요. 그런데 왜 세계 평화와 인류 화합을 위한다는 IOC가 토미 스미스와 존 카를로스의 메달을 빼앗고 선수촌에서 내쫓기까지 했을까요?

올림픽은 전 세계 나라가 참여하는 행사이지요? 만약 IOC가 토미 스미스와 존 카를로스가 했던 블랙 파워 설루트Black Power Salute 즉, 흑인 차별 폐지 운동을 허용했다고 생각해 봅시다. 만

**백호주의**
'백인들만의 호주'라는 뜻으로 유색 인종을 차별하는 것을 말한다.

약 그랬다면 그 이후부터 올림픽은 전 세계 모든 국가에서 인종과 종교 등 온갖 이유로 차별받는 사람들이 시위하고 항의하는 무대로 바뀌었을지도 몰라요. IOC는 이를 해결할 힘도, 조정할 능력도 없어요. 때문에 IOC는 평화를 주장하면서도 실제로는 평화에 어긋나는 결정을 할 때가 많이 있답니다. IOC가 말하는 평화와 화합은 결국 올림픽 경기에서 선수들끼리 화합하는 장면을 보여 주는 정도의 상징적 의미에 지나지 않아요. 올림픽과 IOC가 가진 한계라고 할 수 있지요.

### 욕망을 뛰어넘어 스포츠맨십을 보여 준 손

2016년 리우 올림픽 육상 여자 5,000m에서 아름다운 손이 등장했어요. 그게 뭐냐고요? 당시 결승선을 2,000m 남겨 둔 지점에서 앞서가던 뉴질랜드의 니키 햄블린이 넘어지자 뒤따르던 미국의 애비 디아고스티노도 햄블린의 발에 걸려 쓰러졌어요. 디아고스티노 입장에서 보면 억울한 사고를 당했다고 할 수 있겠지요. 하지만 디아고스티노는 주저앉은 햄블린에게 다가가 손을 내밀어 일으켜 세우고는 함께 달렸습니다. 하지만 넘어질 때 무릎을 다친 디아고스티노는 얼마 뛰지 못하고 주저앉았어요. 이번엔 햄블린이 디아고스티노를 부축하며 제대로 뛸 수 있을 때까지 기다렸다가 함께 달렸어요. 결승선을 통과한 두 선수는 깊은 포옹을 나눴답니다. 햄블린은 한 인터뷰에서 "디아고스티노가 손을 내밀었을 때 정말 고마웠다."고 말했어요.

인간은 욕망하는 존재이지만 그 욕망을 다스릴 줄 아는 존재이기도 해요. 때로는 우리 마음 안에서 양심과 도덕이 욕망과 부딪히기도 하고요. 앞서간 선수들을 따라가기보다 넘어진 선수에게 손을 내민 애비 디아고스티노와 니키 햄블린은 이기기 위한 욕망보다는 스포츠맨십과 우정을 선택했어요. 어쩌면 서로가 서로에게 내민 그 손으로 그들은 최고가 되겠다는 원초적 욕망보다는 한 차원 높은, 배려와 존중 그리고 스포츠맨십을 통한 성취감이라는 다른 형태의 욕망을 채웠을 수도 있어요.

**올림픽 정신을 보여 준 손** | 2016년 리우 올림픽에서 넘어진 애비 디아고스티노에게 손을 내미는 니키 햄블린.

IOC는 두 선수에게 '쿠베르탱 메달'을 주었어요. 진정한 스포츠맨십으로 올림픽 정신을 보여 준 선수에게 주는 메달인데, 두 선수는 이 메달의 18번째 주인공이 된 것이지요.

1988년 서울 올림픽에서 있었던 일이에요. 캐나다의 로렌스 르뮤가 바다에 빠진 선수를 구하기 위해 메달을 포기한 일이 있었습니다. 요트 핀급에 참가한 로렌스 르뮤는 2위로 항해하던 중 갑작스런 강풍으로 바다에 빠진 싱가포르 선수를 구하기 위해 바닷물로 뛰어들었습니다. 결과는 어떻게 되었을까요? 안타깝게도 로렌스 르뮤의 최종 순위가 22위로 밀려났어요. 하지만 그에게는 메달보다 생명이 중요했으니까 그렇게 행동할 수 있었겠지요? 올림픽에 참가한 선수들에게 메달이 욕망의 전부는 아니라는 것을 보여 주는 일이에요.

    2000년 시드니 올림픽 수영 남자 100m에서는 적도 기니의 에릭 무삼바니가 올림픽 역사상 최저 기록인 1분52초72를 기록한 일도 있어요. 어쩌다가 가장 낮은 기록을 내었을까요? 무삼바니는 국제 규격을 갖춘 수영장을 시드니 올림픽에서 처음 보았다고 해요. 옷도 수영복이 아닌, 해수욕장에서나 입는 트렁크를 입고 참가했고요. 워낙 기록이 뒤처졌기 때문에 다른 선수들이 모두 경기를 끝내고 풀 밖으로 나간 뒤에도 혼자 남아 물살을 갈라야 했어요. 그런데 어떤 일이 벌어졌을까요? 아프리카의 작은 나라인 적도 기니에서 온 이름 모를 선수가 해수욕장에서나 입는 헐렁한 트렁크를 입고 외롭고 쓸쓸하게 레이스를 펼치는 동안 관중들은 모두가 한마음이 되어 응원을 보냈어요. 무삼바니는 힘겹게 100m를 끝까지 완영하고 드디어 터치패드에 손을 찍었습니다. 그에겐 메달이 아니라 올림픽 100m 완영이 목표였던 거지요. 올림픽 최저 기록에 그치며 꼴찌를 기록했지만 경기를 마친 무삼바니는 행복한 미소를 지었습니다.

## 약물과 폭력에 얼룩진 올림픽

2015년, 올림픽 역사상 엄청난 사건이 터졌어요. 러시아가 정부 주도 아래 자기 나라 선수들에게 금지 약물을 복용하도록 한 거예요. 뿐만 아니라 이 사실을 덮기 위해 조직적으로 증거를 없애려 했어요. 이른바 '러시아 약물 사건'이 일어난 배경이에요. 러시아 정부는 2014년 소치 동계 올림픽뿐만 아니라 2012년 런던 올림픽에서도 선수들에게 약물을 복용하게 했어요. 이 사건으로 러시아는 2016년 리우 올림픽 육상, 역도, 수영, 카누, 조정, 근대5종 등에서 출전 금지 처분을 받기도 했어요. 금지 약물을 복용하면 일시적으로 기록을 높이는 효과를 볼 수 있지만 장기적으로 복용할 땐 몸에 해를 끼칠 수도 있어요. 그래서 금지 약물은 '악마의 유혹'이라고도 불립니다.

스포츠는 정정당당해야 해요. 약물이라도 복용해서 기록을 올리겠다는 행동은 스포츠 정신을 정면으로 거스르는 행위예요. 하지만 불행하게도 올림픽은 점점 약물에 오염되고 있지요.

러시아 약물 사건 훨씬 이전인 1960년 로마 올림픽에서도 충격적인 사건이 일어났어요. 사이클 경기 도중에 덴마크의 크누트 얀슨이 사망하는 일이 벌어진 거예요. 사망 원인은 암페타민이라는 약물을 많이 먹었기 때문이라고 추정했어요. 이 사망 사건으로 인해 IOC 또한 약물의 심각성을 알게 되었고, 1968년 그르노블 동계 올림픽에서 최초로 '도핑 테스트*'를 실시했어요.

1968년 이후 금지 약물의 종류도 계속 늘어났고 도핑 기술도 발전해 왔어요. 하지만 그에 발맞추어 도핑 테스트에 걸리지 않으면서 약물을 복용하는 기술도 끊임없이 발전해 왔지요. 도핑은

**약물에 얼룩진 올림픽** | 올림픽은 1968년부터 도핑 테스트를 실시해 왔다. 하지만 금지 약물을 복용하는 일은 쉽게 사라지지 않는다.

쉽게 사라지지 않을 것이라 예상됩니다.

　　1988년 서울 올림픽 100m에서 9초79로 세계 신기록을 세웠던 캐나다의 벤 존슨이 약물을 복용한 사실이 밝혀져 금메달을 다시 빼앗긴 일도 있어요. 2000년 시드니 올림픽에서 5개의 메달을 땄던 미국의 매리언 존스도 2007년에서야 약물 복용을 인정하고는 자신의 메달을 모두 반납했어요. 2016년 리우 올림픽에서는 여자 수영 천신이(중국), 남자 사이클 클레베르 하무스(브라질), 남자 역도 이잣 아티코프(키르기스스탄), 남자 레슬링 나르싱 야다브(인도) 등의 선수들이 도핑 테스트를 통해 약물을 복용한 사실이 드러났지요.

　　올림픽은 이제 순수한 스포츠 행사로만 보기 어려워졌어요. 선수들은 메달을 따면 많은 포상금을 받고, 몸값이 올라가고, 광고의 주인공이 되기도 합니다. 올림픽 무대는 엄청난 혜택이 오고가는 공간이 되었지요. 스포츠 정신, 페어플레이 정신보다 돈을 벌겠다는 욕망에 사로잡힌 선수들이 많아지면서 약물을 복용하는 일도 점차 늘어나고 있답니다.

　　최고의 실력을 가진 선수들이라고 해서 최고의 페어플레이 정신을 가지고 있을까요? 꼭 그렇진 않아요. 올림픽이 약물뿐 아니라 폭력으로 물드는 일도 있으니까요.

　　2012년 런던 올림픽 남자 농구 프랑스와 스페인의 8강전에서의 일이에요. 경기 도중 니콜라스 바텀(프랑스)이 카를로스 나바

**도핑 테스트**
스포츠 선수가 경기를 앞두고 금지 약물을 투여했는지 검사하는 것을 말한다.

로(스페인)에게 주먹을 날린 일이 있었습니다. 축구 여자 4강전에서는 멜리사 탄크레디(뉴질랜드)가 넘어져 있던 칼리 클로이드(미국)의 머리를 걷어차는 일까지 벌어졌어요. 2008년 베이징 올림픽 태권도 남자 80kg 초과급에선 앙헬 마토스(쿠바)가 판정에 불만을 표시하며 스웨덴 심판의 얼굴에 발차기를 날리기도 했지요.

폭력뿐만이 아니라 올림픽에 참가한 선수라고 볼 수 없을 정도로 무례한 행동도 많이 있었어요. 1992년 바르셀로나 올림픽 역도 남자 82kg급에서 이브라힘 사마도프(러시아)는 다른 두 명의 선수들과 같은 무게를 들어 올렸지만 몸무게 차로 동메달을 받자 시상식 도중에 동메달을 집어던지는 일도 있었어요.

### 우리는 올림픽에서 무엇을 보고 배워야 할까?

아마추어리즘을 잃어버린 올림픽은 앞으로도 많이 달라질 수밖에 없을 거예요. 지금도 계속 새로운 종목이 더해지고, 경기 방식도 조금씩 달라지고 있어요.

2020년 도쿄 올림픽에선 3대3 농구가 등장할 것이고, 암벽타기인 클라이밍이 정식 종목으로 채택되기도 했어요. 왜 올림픽의 종목이 달라지는 걸까요? 경기 방식은 또 왜 변하는 걸까요? 이런 변화의 방향은 재미와 돈을 따를 때가 많아요. IOC는 지속적으로 더욱 많은 돈을 필요로 하고 있습니다. 때문에 더 많은 돈을 벌기 위해 올림픽 경기를 재미있게 변화시키려고 노력하지요.

올림픽의 지나친 상업화를 놓고 비판과 비난이 뒤따르는 것도 사실이에요. 하지만 현대 사회가 변화하면서 스포츠와 스포츠 팬들의 관심도 계속 변하기 때문에 올림픽만 변하지 않고 그 자리에 머물 수는 없어요. 그러니 올림픽의 상업화를 무조건 비난할 수만은 없을 거예요.

스포츠도 이미 하나의 직업 분야로 자리 잡았기 때문에 스포츠나 올림픽을 통해 이와 관계된 사람들이 돈을 버는 것을 비난할 근거는 별로 없어요. 하지만 올림픽의 상업화가 곧바로 올림픽 정신과 스포츠맨십을 잃어버린다는 뜻으로 이어지는 것은 아니에요. 올림픽의 상업화가 발전하면서 올림픽 정신과 스포츠맨십도 함께 발전해 나갈 수 있습니다. 하지만 함께 달리던 선수가 넘어져도, 함께 레이스를 펼치던 선수가 바다에 빠져도 오직 메달을 위해 모르는 척한다면, 그리고 금메달이 아닌 동메달이라는 이유로 메달을 내던지는 선수가 점점 더 많아진다면 스포츠 팬들은 올림픽을 외면하게 될지도 모를 일이에요.

글. 최동호(스포츠 평론가)

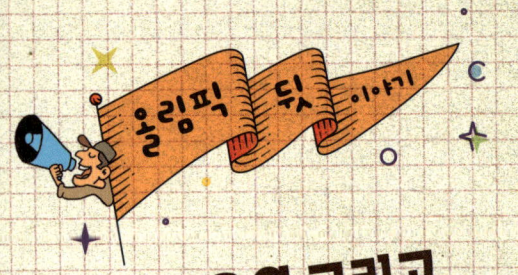

# IOC 그리고 IOC 위원

2017년 기준 IOC 회원국은 206개 국입니다. 2014년 205번째 회원국으로 코소보가 가입했고, 2015년 남수단이 회원 자격을 얻어 206번째 회원국이 되었지요. 1894년 IOC가 만들어질 때 참여한 사람들은 아마도 IOC가 이렇게까지 커지리라곤 상상하지 못했을 거예요.

IOC는 현재 스위스 로잔에 본부가 있으면서 집행위원회, 사무국, 윤리위원회, 올림픽 조정위원회 등 21개 분과위원회를 두고 있습니다. 그럼 IOC가 하는 일은 뭘까요?

2년에 한 번씩 번갈아 가며 열리는 동계와 하계 올림픽을 준비하는 일이 IOC의 가장 중요한 업무예요. IOC는 개최 도시의 올림픽조직위원회와 협의해 올림픽을 준비하고 개최합니다. 개최지를 정하고, 임원을 뽑고, 수익금을 나누고, 올림픽 준비를 관리 감독하고 조정하는 것이 IOC의 업무예요. 그리고 이 일을 하는 사람들이 바로 IOC 위원입니다. 우리나라에는 탁구 금메달리스트인 유승민 선수가 2016년 리우 올림픽에서 선수위원으로 당선돼 IOC 위원으로 활동하고 있지요.

지금은 IOC가 국제적으로 영향력도 있고 수익도 늘어났지만 1980년 이전에는 사뭇 달랐습니다. '귀족들의 사교 모임'이라는 비판을 들을 정도로 왕족과 귀족, 성공한 기업인, 정치인 출신의 영향력 있는 인사들끼리 모여 비밀스럽게 회의하고 그들끼리만 어울리는 폐쇄적인 조직이었어요. IOC는 조직의 예산과 집행 내용을 공개할 의무도 없었지요. 회의도

올림픽을 상징하는 오륜기. 올림픽기라고도 한다.

비밀스럽게 열고는 누가 무슨 말을 했는지 공개하지도 않았습니다. 오직 IOC가 요약해서 전해 주는 회의 결과만 알 수 있었지요.

1960년대까지 스위스 로잔에 조그만 사무실 하나를 두고 여직원 한 명이 모든 행정 업무를 담당할 정도로 조그만 조직이었어요. 아마추어리즘을 강조하던 IOC는 늘 예산이 부족했고, 1970년대까지는 은행에서 대출받은 돈으로 근근이 사업을 이어갈 지경이었어요. IOC는 재정적으로 점점 어려워지자 변화를 꾀하게 되었어요. 그리고 1980년 IOC 위원장으로 선출된 사마란치가 올림픽 마케팅에 심혈을 기울여 많은 성과를 내면서 오늘날의 IOC로 바뀌게 된 것입니다.

# 5장
# 개막식에서는 무엇을 보여 줄까?

개최국의 자부심을 드러내다

올림픽 하면 어떤 장면이 먼저 떠오르나요? 금메달! 뭐니 뭐니 해도 올림픽은 스포츠 경기 대회이고 각 종목의 세계 최고 선수들이 출전한 만큼, 금메달이 확정되는 순간이야말로 단연 최고의 순간이라고 할 수 있지요. 최고의 자리에 올랐다는 기쁨에 겨운 선수는 환하게 웃기도 하고 얼굴이 온통 눈물범벅이 되기도 합니다. 덮어놓고 금메달이 최고라고 하는 것은 문제가 있지만, 그래도 금메달을 딴 선수에게 박수를 보내는 것은 당연한 일이지요.

올림픽 하면 또 어떤 장면이 떠오르나요? 역시 올림픽 하면 개막식을 빼놓을 수가 없지요. 개최국이 알차게 준비한 다채로운 행사들, 그리고 자기 나라의 국기를 앞세우고 기대와 설렘을 안고 입장하는 선수들의 모습! 역시 아름다운 한 장면이라고 할 수 있겠어요.

## 단 한 번뿐인 공연, 올림픽 개막식

올림픽 개막식은 개최 국가의 국제적인 영향력, 경제적인 힘, 문화적인 자부심을 서너 시간 동안 화려하게 펼쳐 내는 행사예요. 역대 올림픽 개최 국가는 경기장 건설이나 안전한 대회 운영 못지않게 화려한 개막식을 선보이는 데 엄청난 공을 들여 왔어요.

생각해 보면, 개막식만큼 어려운 공연도 없을 거예요. 경기장 안에서 단 한 번만 펼쳐지니까요. 실수를 했다고 다시 할 수도 없는 공연이지요. 야외 공연이라는 어려움도 있습니다. 영화관이나 공연장처럼 모두가 조용히 기다리는 장소가 아닌 거지요. 너무 춥거나 더워도 문제가 되고요. 비바람이라도 불면 애써 준비한 소도구들을 쓰지 못할 수도 있어요. 관중 또한 어떤 공통점을 지닌 관중도 아니고요. 그러니까 연극을 보러 온 집중력 있는 관객이 아니라 5만 명이 넘는 다양한 관객과 경기장에 입장한 수백 여 명의 선수들 그리고 각국에서 초청된 대통령이나 수상 등이 지켜보는 가운데 실수 없이 펼쳐야 하는 단 한 번의 공연인 거예요. 더 중요한 것은, 수많은 사람과 돈과 시간을 들여서 개최 국가의 역사와 삶과 문화를 제대로 보여 줘야 한다는 것입니다.

먼저 2004년 그리스 아테네 올림픽의 개막식을 살펴볼까요? 보통 개막식 하면 요란하게, 떠들썩하게, 빠르고 경쾌하게

**그리스 올림픽 개막식** | 개막식 행사에서 그리스 신화를 재연하는 퍼포먼스가 펼쳐지고 있다.

전개되기 마련인데 그리스는 조금 달랐어요. 이 행사는 개막식이 한 편의 수준 높은 예술이 될 수 있음을 보여 주었습니다. 그리스는 유럽 문명의 발상지이자 젖줄이라는 자부심을 갖고 있지요. 이 자부심을 개막식을 통해 품위 있게 펼쳐 냈어요. 놀랍게도 그들은 개막식을 아주 느리게 공연하였습니다.

오직 그리스만이 연출할 수 있는 전율에 가까운 '느림'의 미학은 온갖 화려한 율동과 요란한 깜짝쇼로 에너지 넘쳤던 지난 개막식의 역사를 완전히 새로 썼어요. 고대 그리스에서 시작해서 중세를 거쳐 근대로 이어지는 웅장하고 화려한 서사시는 대단히 느리면서도 무거운 드라마이자 영화이자 뮤지컬이었지요. 아이슬란드의 가수 비요크가 나와 개막식 찬가로 '오셔니아'를 불렀습니다. 노래 가사는 다음과 같았어요.

'사랑하는 나의 아들딸들아, 너희가 흘리는 땀방울은 나의 젖이란다.'

이 노래는 인류사의 엄숙한 순간을 보여 주기에 적당한 노래였어요.

한편 2010년 밴쿠버 동계 올림픽을 치른 캐나다는 개막식을 통해 풍요로운 자연과 환경의 소중함을 전 세계에 알렸어요. 호주 또한 2000년 시드니 올림픽을 통해 대자연의 위대함은 물론 수많은 인종이 이 푸른 지구에서 더불어 살아가야 한다는 가치를 널리 알렸고요. 1988년 서울 올림픽을 치른 우리나라처럼, 한때 가난했던 나라들은 개막식을 통해 좀 더 나은 삶을 향한 꿈과 도전을 펼쳐 보이기도 했답니다.

최근의 아름다운 개막식으로는 브라질에서 열린 2016년 리우 올림픽을 떠올릴 수 있을 거예요. 리우데자네이루의 초대형 축구장인 마라카낭에서 올림픽 개막식이 열렸어요. 개막식의 주제는 '평화', '다양성' 그리고 '환경'이었지요. 그야말로 지금 우리들이 반드시 풀어야 할 중요한 과제이자 메시지였어요.

브라질 최고의 경제, 문화, 휴양 도시인 리우데자네이루

　　리우 올림픽의 선수단 입장은 다른 대회와는 달랐습니다. '나무를 심는 선수들'이라는 제목으로 진행되었지요. 알파벳 순서에 따라 입장한 각국 선수들은 씨앗이 담긴 흙 통을 하나씩 거울 탑에 넣었습니다. 그렇게 모인 207종, 1만여 개의 씨앗이 땅에 심어졌어요. 이는 단지 한 번으로 끝나는 쇼가 아니었습니다. 선수들이 심은 씨앗은 이후에 '올림픽 선수들의 숲'으로 만들어져 브라질 사람들이 영원히 가꿔 나갈 계획이니까요.

국기 게양식도 달랐어요. 보통 개막식에서는 자기 나라의 군인 의장대가 국기 게양식을 진행하지요. 브라질에서는 특별히 '환경 경찰대'가 이 역할을 맡았어요. 환경과 나무를 보호하겠다는 의지를 드러낸 거지요. 앞서 얘기한 '평화'와 '다양성'의 메시지는 브라질의 역사와 현재의 브라질을 묘사한 공연을 통해 감동적으로 전달되었습니다. 오랜 역사를 이어 온 원주민들의 삶은 포르투갈 등 유럽의 침략자들이 들어오면서 깨지게 되지요. 또한 그들에 의해 아프리카와 아시아에서 많은 사람들이 일을 하기 위해 몰려들면서 지금의 브라질이 만들어졌고요. 오랜 시간 동안 수많은 인종이 갈등하고 싸우면서 결국은 브라질이라는 '다양성의 문화', '평화의 문화'를 만들어 내었답니다. 또한 올림픽 사상 최초로 '난민' 팀이 오륜기를 들고 등장한 것도 잊을 수 없는 장면이었습니다.

### 강력한 국가주의의 전시장이 된 개막식

올림픽 개막식이 아름다운 장면만 연출하는 것은 아니에요. 때로는 올림픽 개막식을 통해 자기 나라의 역사를 지나치게 자랑하거나, 정치적이고 경제적인 힘을 과시한 경우도 있답니다.

1936년 독일의 베를린 올림픽이 대표적인 경우이지요. 이때는 독재자이자 전쟁광이던 아돌프 히틀러가 독일을 지배하던 때였어요. 일부 양심적인 시민과 지식인, 예술가들이 이에

**성화** | '신성한 올림픽의 불(Sacred Olympic Fire)'이라고도 한다. 1950년에 만든 올림픽 헌장을 통해 붙여진 이름이다.

저항하기도 했지만 대다수 독일인들도 전쟁의 광기에 사로잡혀 있었어요. 히틀러는 올림픽을 통해 독일 민족주의라는 광기를 국내외적으로 널리 알리고자 했습니다.

그중 대표적인 것이 성화 봉송입니다. 성화 봉송은 개최 국가의 여러 도시를 환하게 불을 밝히며 달려가는 행사예요. 그런데 성화 봉송이 1896년 1회 올림픽 때부터 시작한 것은 아니에요. 그로부터 40여 년이 흐른 1936년 베를린 올림픽 때부터 성화

**헤라 신전 |** 고대 그리스 12신 중 한 명인 헤라를 모시는 곳으로, 오늘날 올림픽 성화를 밝히는 장소로도 유명하다.

봉송이라는 이벤트가 시작되었어요. 그리스 올림피아 헤라 신전에서 불을 얻은 뒤 개최국의 여러 도시를 순회한 다음, 개최 도시의 주경기장에 입장하는 방식으로 말이지요.

그렇다면 이 성화 봉송 방식은 누구 머리에서 나왔을까요? 바로 히틀러 아래에서 문화, 예술, 스포츠 등에 결정적인 역할을 한 요제프 괴벨스와 칼 디엠 올림픽위원장이 생각해 냈어요. 특히 칼 디엠은 스포츠와 올림픽을 강력한 힘을 거침없이 드러낼 수 있는 하나의 전쟁이라고 여겼지요. 조금 무시무시하지요? 디엠은 1차 세계 대전에서 진 독일이 스포츠를 통해 정신적, 육체적으로 거듭나야 한다고 주장했어요. 그리고 그것은 2차 세계 대전을 위한 준비 과정이 되었지요. 디엠은 스포츠를 통해 독일 국민을 강하게 만들고, 이렇게 만들어진 독일의 힘은 전쟁을 통해서 더욱 강력하게 드러나야 한다고 생각했어요. 그는 2차 세계 대전 초창기인 1941년에 '민족의 미래는 스포츠 경기자들에게 달려 있다.'고까지 말했어요. 이에 따라 히틀러 청년단과 독일연방소녀단 등 10대인 독일 청소년들은 전쟁 준비를 위해서 모두가 스포츠 교육을 맹렬하게 받아야만 했어요.

이런 사람들에 의해 준비된 베를린 올림픽은 어땠을까요? 자기 나라만이 가장 뛰어나다고 선전하는, 그리고 단결된 국민의 힘을 드러내는 하나의 전쟁 놀이터가 되었어요. 그 상징이 바로 성화 봉송이었던 거예요. 그 과정을 따라가 볼까요?

그리스에서 출발한 성화는 불가리아, 유고슬라비아, 헝가리, 오스트리아를 거쳐 독일의 주요 도시를 돈 뒤에 베를린에 도착했어요. 이 성화는 베를린 곳곳의 장대한 동상과 히틀러의 당과 군대를 상징하는 하켄크로이츠* 깃발을 밝혔습니다. 광기에 사로잡힌 히틀러와 일부 독일 국민들은 이 성화를 통해 독일 민족주의를 나라 안팎으로 널리 알리려 했던 거예요.

또한 히틀러와 괴벨스 그리고 디엠은, 당시 최고의 다큐멘

**하켄크로이츠**
'갈고리 십자가'라는 뜻으로 독일 나치즘의 상징을 알려져 있다.

터리 감독인 레니 리펜슈탈*에게 올림픽의 모든 과정을 기록 영화로 남기라고 지시했어요.

　레니 리펜슈탈은 1934년에 나치 전당 대회를 기록한 다큐멘터리 영화 〈의지의 승리〉를 만들어 히틀러의 총애를 받기도 했던 감독이에요. 리펜슈탈은 자신만의 독특한 기법과 미학으로 〈올림피아〉라는 다큐멘터리를 만들었어요. 이 영화를 보면 나치에 열광하는 평범한 사람들이 나와요.

　2부작인 〈올림피아〉에서 리펜슈탈은, 대회 전체를 긴 그림

**레니 리펜슈탈 (1902~2003)**

독일의 여성 무용가, 배우, 영화 감독, 사진가이다. 그녀가 만든 영화를 보고 열성적인 팬이 된 히틀러가 후원자가 된 뒤 그녀는 나치즘을 선전하는 영화를 만들었다.

**제시 오언스**
**(1913~1980)**
베를린 올림픽에서 육상 4종의 금메달을 따고 세계 기록을 세운 미국의 단거리 선수.

자 촬영 등으로 구성하여 히틀러가 좋아하는 이미지로 나타냈어요. 그 화면 속에서 손기정 선수도 보입니다. 2차 세계 대전의 기운이 감돌기 시작한 가운데 열린 이 올림픽에서 제시 오언스* 같은 흑인 선수나 손기정 같은 제3세계 식민지 선수들이 금메달을 땄어요. 하지만 올림픽의 진짜 주인공은 역시 히틀러였지요.

베를린 올림픽 개막식은 독일 민족이 세계 최고라는 민족주의와 순혈주의의 전시장과도 같았어요. 순혈주의는 순수한 혈통만을 인정하는 태도이지요. 히틀러는 독일 순혈주의에 따른 '순수한' 힘의 세계를 경배했어요. 그래서 유대인, 집시, 동성애자 등 '비순수'에 대해 악랄한 방법으로 탄압했지요. 강력한 힘에 대한 동경, 잡티 하나 없이 '고결한' 힘에 대한 숭배가 올림픽 경기장을 가득 메웠어요. 리펜슈탈은 히틀러가 내세운 독일 민족주의와 순혈주의, 지극한 아름다움에 대한 숭배, 그리고 무한한 힘에 대한 충동을 카메라에 담았습니다. 이렇게 베를린 올림픽과 그 개막식은 히틀러의 광기를 위한 전시장 역할을 하고 말았어요. 올림픽 개막식이 모든 인류에게 지속 가능한 세상을 향한 평화의 메시지를 전할 수도 있지만, 자기 나라의 힘을 과시하기 위한 전시장의 역할만 할 수도 있음을 보여 준 예이지요.

### 전범 국가가 아니고 패전 국가라고?

1964년 도쿄 올림픽도 살펴볼까요? 그 당시 일본은, 자신들을 '전범 국가'가 아닌 '패전 국가'라 알리고 싶어 했어요. '전범'과 '패전'은, 둘 다 전쟁에서 졌다는 점에서는 엇비슷하지만 핵심은 전혀 달라요. '패전'은 단지 힘이 약해서 졌을 뿐이라는 뜻이에요. '전범'은 인류사에 다시없을 잔인하고 비인륜적인 전쟁 범죄를 저질렀다는 뜻입니다. 2차 세계 대전 이후, 전 세계는 일본을 '전범 국가'로 여겼어요. 그런데 그들은 전쟁 범죄를 일으킨 잔인한 나라가 아니라 그저 힘이 약해서, 그러니까 미국처럼 핵무기가 없어서 단순히 전쟁에서 졌다고 주장하고 싶었던 거예요. 더욱이 미국의 핵무기가 나가사키와 히로시마에 터져서 지고 말았는데, 그럼에도 평화를 추구하는 나라라고 변명하고 싶었던 거지요.

그것을 위해 1964년 도쿄 올림픽을 준비했습니다. 도쿄 올림픽의 성화는 일본 오키나와에 가장 먼저 상륙했어요. 오키나와의 첫 성화 주자는 바로 2차 세계 대전 때 아버지를 잃은 전쟁 고아였지요. 그리고 성화는 일본 곳곳을 돌아서 도쿄 경기장의 가장 높은 곳에 올라갔어요. 이때 최종 주자는 바로 히로시마 원폭 피해자 2세였어요.

미군에 의해 아버지를 잃은 아이가 첫 성화 주자였고, 원자 폭탄 때문에 육체적으로 큰 피해를 입은 사람의 자녀가 마지막 성화 주자였다는 사실을 잘 살펴봅시다. 그들은 단지 힘이 약해서 미국에 졌다고, 그리고 그런 '피해'를 입었음에도 평화를 위해 올림픽을 치른다는 사실을 전 세계에 알리고 싶었던 거예요. 성화가 밝혀진 뒤, 2차 세계 대전에 역사적, 정치적, 군사적 책임이 있는 일본 왕 히로히토는 '평화'라는 주제를 담아 올림픽 개막 선언까지 했어요. 잔혹한 전범 국가였던 일본이 스스로를 단지 전쟁에서 졌을 뿐인 패전 국가라고 선언하는, 원폭 피해까지 입었음에도 올림픽을 통해 평화를 호소한다는 속내를 발견하는 것은 어렵지 않았어요.

그 뒤로 올림픽의 성화와 이를 정점으로 전개되는 개막식은 글로벌리즘과 민족주의를 뒤섞어 그 나라의 국가 정체성을 안팎으로 깊이 새기는 자리가 되었어요.

2008년 베이징 올림픽은 태산이 솟아오르고 장강이 흘러넘치는 '대국굴기'*의 근육질 넘치는 중화주의를 맘껏 드러냈어요. 연출을 맡은 중국의 대표적인 감독인 장이머우는 비둘기로 평화를 노래하고 아이들의 합창으로 미래를 예찬하는 식의 진부한 연출을 엄청난 인원과 규모로 얼버무렸어요. 결론은 역시 중국이 중심이라는 중화주의 사고였지요.

2014년 소치 동계 올림픽 개막식에서도 블라디미르 푸틴이 주도한 강력한 러시아 민족주의가 펼쳐졌어요. 푸틴의 '신동방 정책'에 따라 정치, 사회, 문화 전반에 걸쳐 유럽 서쪽에

**대국굴기**
'대륙이 일어서다.'라는 뜻으로 2006년 중국에서 방송된 12부작 역사 다큐멘터리의 제목이기도 하다.

있는 발트 해의 종교 문명에서 시작하여 중앙아시아의 풍습을 거쳐 극동 아시아에 이르는, '거대한 제국 러시아'의 역사와 문화만이 흘러넘쳤어요. 올림픽과 개막식이, '인류의 제전'이 아니라 극단적 민족주의의 경연장이라는 비판이 그래서 나오는 것입니다.

### 런던 올림픽, 개막식의 의미를 되살리다

이런 점에서 보면 2012년 런던 올림픽의 개막식은 큰 의미가 있다고 할 수 있겠어요. 영국 하면 어떤 이미지가 떠오르나요? '대영 제국', '산업 혁명', '선진 강대국' 같은 말이 먼저 떠오르진 않나요? 그런데 런던 올림픽 개막식은 자신들의 자랑스럽고 찬란한 역사 대신에 비참하고 가난한 역사, 학대받고 소외된 사람들, 화려한 도시보다는 남루한 거리를 보여 주고자 했어요.

개막식 앞부분에서는 잉글랜드, 웨일스, 스코틀랜드, 북아일랜드 등의 풍광이 보이고 이를 배경으로 각 지역의 어린이들이 노래를 불렀어요. 이들이 부른 곡은 산업 혁명기의 영국을 대표하는 시인 윌리엄 블레이크의 시 '예루살렘'이었지요. 산업 혁명을 침통한 시선으로 바라본 블레이크의 시에 곡을 부친 '예루살렘'은 19세기 중엽에 영국 사람들이 국가로 채택하자고 운동까지 벌일 정도의 노래였어요.

**2012년 런던 올림픽 개막식** | 자신들의 역사 중에서도 가난하고 소외된 역사를 보여 주고자 했다.

런던에서 태어난 블레이크는 1769년에 세워진 앨비언 제분소를 보며 컸어요. 이 제분소는 전통의 가내 제분소를 몰아낸 공장식 생산의 상징이었지요. 블레이크는 이 거대한 '악마의 맷돌' 같은 제분소를 비참하게 그렸어요.

또한 연출가 대니 보일의 메시지는 산업 혁명의 거대한 공장 굴뚝을 묘사하는 데서 선명하게 드러나지요. 블레이크의 시는 런던의 수많은 굴뚝과 그것을 청소하는 어린아이의 비참한 삶을 표현했고, 이를 바탕으로 대니 보일은 가난한 사람들의 침통한 표정을 통해 산업 혁명기를 다시 보여 주었어요. 대니 보일은 두 차례의 세계 대전에서 승리한 전쟁의 기억을 빼는 대신 19세기의 여성 참정권 운동이나 1936년 대량 실업 상황을 그려 냈습니다.

이 런던 올림픽 개막식의 제목은 무엇일까요? 바로 '이것은 모두를 위한 것This is for everyone'이었어요. 자기 나라의 역사를 지나치게 꾸미고, 과장되게 드러낸 수많은 개막식에 비하여 런던 올림픽 개막식은 가난한 사람들에 대한 연민, 그들의 힘겨운 노동에 대한 존중, 더 나은 삶을 위한 헌신, 그것을 가로막는 것에 대한 저항 등을 펼쳐 냈다고 할 수 있겠어요. 올림픽 개막식을 통해 이렇게 다른 메시지를 전해 줄 수도 있다는 점을 여러분도 꼭 기억하기 바랍니다.

글. 정윤수(문화 평론가)

# 6장
# 올림픽이 끝나면 주경기장은 어떻게 될까?

올림픽 주경기장 이야기

전 세계에서 가장 '큰 메가 스포츠 이벤트'라고 할 수 있는 올림픽을 보기 위해 많은 사람들이 개최국과 개최 도시를 방문합니다. 특히 올림픽 개·폐막식은 대회 기간 중 가장 많은 관람객들이 모이는 행사예요. 여러 매체를 통해 전 세계로 생중계도 됩니다. 올림픽의 개·폐막식이 열리는 곳이 바로 올림픽 주경기장 Olympic main stadium입니다. 올림픽 기간 동안 찾아오는 수많은 관람객이 다 들어갈 만큼의 큰 규모이면서 개최국과 개최 도시의 상징을 담은 건축물로서 전 세계에 그 존재감을 드러내는 공간이지요. 그리고 올림픽이 끝난 뒤에는 그 지역의 상징적인 건물이 되어 오랜 시간 지역 사회와 함께 살아갑니다.

### 올림픽 개·폐막식이 열리는 곳, 올림픽 주경기장

1896년 최초의 근대 올림픽은 그리스 아테네 파나티나이코 주경기장 Panathenaic Stadium에서 열렸습니다. 기원전 4세기경, 예전부터 협곡 사이에 있던 경주 트랙 둘레에 있는 협곡 면을 따라 'U'자 형태로 관람석을 만들었어요. 그로써 처음으로 경기장의 형태를 띠게 된 것이지요. 이후 기원전 2세기경 그리스 건축 문화와 로마의 웅장한 스케일을 접목한 형태로 재건축되어 사용되어 왔어요. 하지만 4세기경부터는 사용되지 않은 채로 오랫동안 폐허로 묻혀 있었지요. 세월이 한참 흐른 뒤 19세기 즈음에 발굴이 되었고 또 한 번의 재건축을 통해 새롭게 태

**파나티나이코 주경기장** | 1896년 최초의 근대 올림픽이 열린 주경기장이다.

어났지요. 파나티나이코 주경기장은 그리스 역사와 문화를 올림픽에 반영한 멋진 경기장으로 지금까지 그 모습을 잘 간직하고 있어요.

올림픽 주경기장은 그 시대의 정신을 반영하고 개최국과 개최 도시의 역사와 문화를 담아냅니다. 또한 자연 환경을 고려하여 계획하는 등 각각의 특징을 가지고 있지요.

IOC 헌장에 따르면 올림픽 단지, 경기장 등에서는 모든 종류의 시위 또는 정치적, 종교적, 인종적 선전을 금하고 있어요. 2012년 런던 올림픽 축구 3, 4위전에서 우리나라의 박종우 선수가 "독도는 우리 땅"이라고 쓰인 종이를 들고 골 세리머니를 한 장면 같은 것을 많은 사람들이 기억하고 있지요. 한편 생각해 보면 올림픽 개최 자체가 개최국과 개최 도시를 전 세계에 알리는, 또 다른 의미의 정치적 선전의 목적을 가지고 있음을 부정하기는 어렵습니다.

1936년 베를린 올림픽은 당시 독일을 통치한 나치스*의 정치적 목적이 가장 크게 드러난 대회라고 할 수 있어요. 기존 경기장을 활용하려는 원래의 계획을 버리고 거대한 스포츠 단지를 만들고, 새로운 주경기장을 지어 독일의 힘을 전 세계에 알리려 했어요. 베를린 올림픽 주경기장은 2004년에 관람석 수를 줄이는 구조 변경을 했음에도 불구하고 현재 독일에서 가장 큰 경기장으로 남아 있어요. 이것만 봐도 그 규모가 짐작이 되

**나치스**
히틀러를 당수로 하여 1933~1945년 정권을 잡았던 독일의 파시즘 정당을 말한다.

시지요? 36년 만인 1972년 다시 독일에서 열린 뮌헨 올림픽은 이전과는 다른 방식으로 독일의 희망을 보여 주고자 했어요. 비록 뮌헨 올림픽 참사*로 그 빛이 바래긴 했지만, 2차 세계 대전 당시 수많은 폭격으로 생긴 거대한 웅덩이에 쇠로 만든 기둥과 아크릴 유리 지붕을 이용해 현대식 건축물로 지은 뮌헨 올림픽 주경기장은 독일의 발전상을 잘 보여 주고 있습니다.

올림픽 주경기장은 때때로 당시에 유행하는 건축 사조의 영향을 받기도 해요. 1928년 암스테르담 올림픽 주경기장은 20세기 초부터 유행하던 표현주의 건축의 한 부류인 암스테르담 스쿨 건축의 디자인 경향을 받아들여서 복잡한 벽돌쌓기 구조로 지어졌어요. 1952년 헬싱키 올림픽 주경기장 또한 기능주의 건축의 대표적 건축물이에요.

비교적 추운 기후를 지닌 캐나다 몬트리올은 예전부터 메이저리그 야구팀을 유치하기 위해 돔 경기장을 지으려고 했어요. 1976년 하계 올림픽 유치가 정해지고 난 뒤 주경기장을 개폐형 돔 경기장으로 지었지요. 타워를 세우고 케이블을 이용한 개폐 방식으로 멋진 형태의 구조물을 만들었지만, 공사비가 예상보다 두 배나 더 든 탓에 많은 비판을 받기도 했어요.

## 조선 백자 모양을 본뜬 잠실 주경기장

1988년 개최 도시였던 대한민국 서울은 그 당시 개발이 이

**뮌헨 올림픽 참사**
뮌헨 학살이라고도 불린다. 1972년 9월 5일 독일(당시 서독)의 도시 뮌헨에서 열린 하계 올림픽 기간에 일어난 테러 사건이다. 팔레스타인의 테러 단체인 '검은 9월단'이 11명의 이스라엘 팀을 인질로 잡고 협상을 시도했다. 하지만 경찰의 테러 진압 미비로 모두가 사망한 사건이다.

루어지지 않은 잠실 지역에 올림픽을 위한 스포츠 단지를 만들고, 그 한가운데에 전통적인 조선 백자 모양을 따서 디자인한 올림픽 주경기장을 건설했어요. 수직으로 선 콘크리트 뼈대와 지붕이 조화를 이루어 조선 백자의 아름다운 곡선을 표현했지요. '버즈네스트 Bird's Nest'로 알려진 베이징 국립 경기장 또한 새로움에 대한 중국 사회의 요구를 받아들여 중국 전통 도자기를 결합시켜서 역대 올림픽 주경기장 가운데 가장 눈에 띄는 형태를 만들어 냈어요. 이처럼 주경기장은 개최하는 나라의 문화적 영향을 받아 지어집니다.

1956년 멜버른, 1960년 로마, 1980년 모스크바, 1984년 로스엔젤레스, 2004년 그리스, 2016년 리우데자네이루 올림픽 주경기장은 하나의 공통점을 가지고 있습니다. 바로 올림픽 개최 이전부터 오랜 시간 동안 그 나라 스포츠의 중요한 장소로 자리 잡고 있었다는 점이지요. 올림픽을 위해 새로운 경기장을 짓지 않고 기존 경기장을 활용한 거예요. 그러면서도 자국의 스포츠 역사를 올림픽이라는 이벤트와 연결하려 했지요. 물론 새롭게 짓지는 않지만 기존 경기장의 구조 변경은 반드시 이루어져야 하는 과정이에요. 근대 올림픽 마라톤 최초 우승자인 '스피로스 루이스 Spyros Louis'의 이름을 딴 2004년 아테네 올림픽 주경기장은 초현대식 구조의 거대한 지붕을 설치하고, 대규모 구조 변경을 통해 새롭게 태어난 경우입니다.

**서울 올림픽 주경기장** | 조선 백자 모양을 따서 디자인했다.

## 올림픽 주경기장은 얼마나 클까?

IOC는 '올림픽 경기장 디자인 표준에 대한 기술 매뉴얼'을 통해 각 종목 경기장의 규모, 계획 원칙, 디자인 등에 대한 뼈대를 제시합니다. 올림픽 주경기장 또한 기본적으로는 이 매뉴얼에 따라 계획되지요. 흔히 알려진 바와는 다르게 주경기장의 관람석 규모에 대한 표준은 제시되어 있지 않습니다. 하지만

6장 올림픽이 끝나면 주경기장은 어떻게 될까? — 올림픽 주경기장 이야기

보통 주경기장은 육상과 축구 경기를 위해 함께 쓰여요. 그러니까, 둘 중에 조금 더 큰 규모를 요구하는 육상 경기장의 표준인 60,000석 규모를 주경기장의 표준이라 생각하고 있어요. 더불어 올림픽 기간 중 가장 많은 관람객이 모이는 개·폐막식 행사를 열기 위해 대부분의 올림픽 주경기장은 70,000석 이상의 관람석을 가졌어요. 로스엔젤레스, 베를린, 멜버른, 모스크바, 시드니 올림픽 주경기장은 100,000석 이상의 규모로 올림픽을 치르기도 했고요. 물론 IOC가 올림픽 경기장의 표준 규모를 제시하기 이전에는 세인트루이스, 스톡홀름, 안트베르펜 올림픽 주경기장과 같이 20,000석 이하의 관람석을 가진 경우도 있었습니다.

그런데 동계 올림픽의 경우 개·폐막식 행사를 여는 주경기장에서는 실제 경기가 열리지 않아요. 그러다 보니 각 올림픽마다 관람석 규모에 많은 차이를 보이지요. 또한 폐막식 관람객은 개막식보다는 적어요. 그래서 개막식은 관람석 수가 많은 야외 경기장에서 치르고, 폐막식은 관람석 규모가 작은 실내 경기장에서 치르는 경우도 꽤 많았어요.

최근 들어서는 올림픽 유치를 희망하는 도시가 점점 줄어들고 있어요. 따라서 IOC가 제시하는 올림픽 경기장의 표준 규모가 과연 얼마나 의미가 있는지는 다시 한 번 생각해 볼 필요가 있어요.

### 주경기장은 올림픽이 끝나면 무엇을 할까?

올림픽 주경기장은 중요하게는 개·폐막식이 열리고, 대회 기간 중에는 육상, 축구 등 여러 종목의 경기가 열립니다. 1900년 파리 올림픽 주경기장인 벨로드롬 드 뱅셍과 2016년 리우 올림픽 주경기장인 마라카낭 스타디움처럼 육상 종목이 열리지 않은 주경기장도 있기는 해요. 하지만, 대부분의 올림픽 주경기장은 다양한 목적으로 사용되는 다목적 경기장이라고 할 수 있어요. 1908년 런던 올림픽 주경기장인 화이트시티 주경기장은 육상 트랙 내부에 실외 수영장을 만들어서 수영, 다이빙, 수구 경기가 열리기도 했답니다. 재밌는 풍경이지요?

이처럼 올림픽 주경기장은 다목적 경기장이라는 특징이 있다 보니 올림픽이 끝난 뒤에도 잘 활용될 수 있을 거라 기대하고는 합니다. 물론 축구나 럭비 팀처럼 정기적으로 경기장을 사용

**1908년 런던 올림픽 주경기장인 화이트시티 주경기장**

하는 입주자가 있어야 하지요. 때론 올림픽을 치른 시설에서 월드컵이나 세계 육상 대회 같은 큰 스포츠 이벤트가 열리기도 합니다. 예를 들면 최초의 근대 올림픽이 열린 아테네 파나티나이코 주경기장은 대한민국에 세 개의 금메달을 안겨 준 2004년 아테네 올림픽에서 양궁 경기장으로 쓰이기도 했어요.

하지만 올림픽이 끝난 뒤에 활용도가 떨어지는 주경기장이 훨씬 많아요. 특히 큰 비용을 들여 지은 시설이다 보니 활용도나 경제성 면에서 많은 비판을 받지요. 때문에 올림픽 주경기장을 비롯해 올림픽 경기장이 이후에도 제대로 쓰일 수 있을지 그 활용 방안이 점점 더 중요해지고 있어요.

올림픽 100주년을 기념해 지어진 1996년 애틀랜타 센테니얼 올림픽 주경기장은 이에 대해 다양한 면을 보여 주었어요.

**로스앤젤레스 메모리얼 콜로세움** | 1932년과 1984년 두 번의 올림픽을 치른 주경기장이다.

이곳은 역대 올림픽 주경기장 중 정형화된 형태에서 가장 벗어난 모습으로 지어졌거든요. 왜 그랬을까요? 그 이유는 올림픽이 끝난 뒤에 지역 메이저리그$^{MLB}$ 구단인 애틀랜타 브레이브스의 새로운 홈구장으로 활용하려고 했기 때문이에요. 계획대로 올림픽이 끝나고 구조 변경을 거쳐 터너 필드라는 이름의 메이저리그 구장으로 다시 태어나 이제 20여 년이 지났습니다. 그런데 애틀랜타 브레이브스 구단이 새 홈구장을 지어 떠남으로써 터너 필드는 조지아주립대학의 미식축구 경기장으로 다시 한 번 그 모습을 바꿀 준비를 하고 있어요.

2012년 런던 올림픽 주경기장은 친환경적이고 지속가능한 경기장을 지향했어요. 그래서 올림픽이 끝난 뒤에 규모를 줄이기 위해 부분적으로 해체할 수 있는 구조로 디자인되었지요. 해체한 뒤에는 건축 자재와 좌석 등이 남겨질 텐데 이 또한 재활용하겠다는 계획까지 가지고 있었어요. 그런데 해체 비용과 재활용이 현실적으로 가능할지에 대해 비판이 있었어요.

수많은 비판과 의문에도 불구하고 구조 변경을 거친 런던 주경기장은 2016년부터 영국 프로 축구단인 웨스트햄 유나이티드의 홈구장으로 쓰이고 있으니 다행스러운 일이지요?

로스앤젤레스 메모리얼 콜로세움은 1932년과 1984년 두 번의 올림픽을 치러 낸 주경기장으로 유명해요. 이 경기장은 1차 세계 대전 참전 용사의 희생을 기리며 1923년에 만들어졌어요. 그때부터 94년 동안 프로 미식축구 LA 램스와 LA 레이더스, 메이저리그 구단인 LA 다저스, 남캘리포니아대학과 캘리포니아대학 미식축구 팀 등 14개 스포츠 팀이 홈구장으로 사용해 왔어요. 더욱 놀라운 것은 2028년으로 예정된 올림픽 또한 메모리얼 콜로세움에서 치를 계획까지 가지고 있어요. 역대 올림픽 주경기장 중에서 이만큼 지속적으로 잘 활용되는 경기장은 찾아보기 어렵습니다.

올림픽 경기장이 경기가 끝난 이후 어떻게 활용되어야 하는지에 대해서는 정해진 답이 있는 것은 아니

리우데자네이루 올림픽 주경기장

에요. 경기장마다 제각기 다른 방향과 모습이 존재한다고 할 수 있어요. 하지만 과거의 성공한 사례들을 살펴보면 대부분 경기장을 짓기 이전에 계획 단계부터 활용 방안에 대한 작업을 해 왔음을 알 수 있어요.

2004년 그리스 아테네와 2016년 브라질 리우 올림픽이 열렸던 주경기장이 올림픽이 끝난 뒤 많은 시간이 지나지 않았음에도 불구하고 '흰 코끼리'*로 남겨진 모습은 우리에게 올림픽 주경기장이 올림픽만을 치르기 위한 공간이 아님을 확실하게 보여 주는 예가 아닐까요?

글. 정성훈(스포츠 경기장 설계전문 건축가)

**흰 코끼리**

white elephant. 사용되지 않으면서 유지와 보수에 많은 비용이 들어감에도 불구하고 버리기조차 어려운 물건을 가리키는 단어.

# 7장
## 사람들은 왜 달리는 걸까?
### 하계 올림픽의 꽃, 마라톤

이 글을 쓰기 위해 한번 달려 봤습니다. 여러분도 달려 보면 이제부터 하는 제 이야기가 더 와 닿을지 않을까요? 무더운 날이라면 더욱 좋겠습니다. 점심을 푸짐히 먹고 살짝 노곤해지기 시작할 오후 2시라면 어떨까요? 가벼운 운동복으로 갈아입고 뛰어 볼까요? 달리기 전에 뛰지 말아야 할 별별 이유가 참 많지만 일단 뛰기 시작하면 그 많던 이유가 쏙! 들어갑니다.

10분쯤 지나면 슬슬 숨이 가빠 옵니다. 땀도 살짝 나고, 햇볕도 따가운데 괜히 뛰고 있나 후회가 솔솔 피어오르지요. 주위 풍경을 보면서 잠시 힘든 걸 잊기도 하지만 멈추기 전까지 뛸까 말까 마음속 밀당이 시작됩니다. 이제 조금 더 속도를 내 볼까요? 이를 악물고 달려 보니 이내 심장이 터질 것 같고 숨이 턱에 차오르진 않나요?

### 하계 올림픽의 마지막 경기, 마라톤

하계 올림픽의 꽃이라 불리는 '마라톤'은 최소한 두 시간 이상을 달리는 종목입니다. 마라톤은 42.195km라는 거리를 가장 빠른 속도로 달리는 경기로, 우승한 사람의 머리에 승리의 월계관을 얹어 주지요. 인간의 한계를 시험하는 종목이라 하계 올림픽의 꽃이라고 불리나 봐요.

마라톤은 하계 올림픽의 맨 마지막 경기이기도 해요. 폐막식을 위해 주경기장에 모인 사람들은 최후 승자가 누가 될지 궁금해하며 기다립니다. 마라톤은 폐막식 중간에 시상식을 진

가장 긴 거리를 가장 오래 달리는 경기, 마라톤

행하기 때문에 승자의 국가가 올림픽 주경기장에 마지막으로 울려 퍼지게 됩니다.

달리기는 빠름에 도전하는 스포츠이지요? 일정한 거리를 정해 놓고 한 지점에서 다음 지점까지 가장 '빨리' 자신의 몸을 옮기는 사람이 승리해요. 가장 짧은 거리를 달리는 경기는 역시 육상의 꽃이라 불리는 육상 100m이고, 가장 긴 거리를 가장 오래 달리는 경기는 마라톤입니다. 물론 거리로 치면 50km를 가야 하는 경보가 있고, 사이클은 200km를 달려야 하지만 이 종목들을 '달리기'라고 부르지는 않습니다. 빠른 걷기인 경보와는 달리 달리기는 두 다리가 모두 땅에서 떨어져 있는 순간이 있어야 해요. 사이클은 미끄러진다는 표현이 알맞겠지요?

## 우리나라 마라톤 이야기

우리나라 마라톤을 이야기할 때 맨 처음 등장하는 이름이 바로 손기정입니다. 1936년 베를린 올림픽에서 '기타이 손'이라는 이름으로 올림픽 신기록을 세우고 금메달을 딴 국민 영웅이지요. 제게는 1988년 서울 올림픽 개막식 때 성화를 들고 깡충깡충 뛰면서 아이처럼 좋아하던 모습이 남아 있어요.

손기정 선수는 일제 치하에서 출전하였기 때문에 가슴에 일장기를 달고 일본을 대표해 마라톤 경기에 나갔어요. 그래서 지금도 올림픽 기록을 뒤져 보면 베를린 올림픽의 마지막 경기인 마라톤에서 일본이 금메달을 땄다고 적혀 있습니다. 당시 손기정 선수는 시상대 위에서 고개를 푹 숙이고 가슴에 달린 일장기를 부끄러워했다지요. 달리기로는 세계에서 가장 빠르게 마라톤을 주파한 선수, 그러나 나라를 잃어 일장기를 가슴에 달고 시상대에 오른 청년 손기정의 마음이 어땠을까요?

우승 직후 일본 방송사와의 인터뷰가 이어졌어요. 손기정은 담담하게 말했습니다.

"자바라를 이겼습니다. 정정당당히 싸워서 결국 승리의 월계관을 조국으로 가져가게 됨을 기뻐하며 고국의 여러분께서 성원해 주신 힘인 줄 아옵고 이것으로 인사를 대신합니다."

이렇게 일본말로 소감을 밝혔습니다. 이후 조선일보 도쿄 지국장과 전화 인터뷰를 한 손기정 선수는 기분이 더 가라앉았습니다. 얼마나 기쁘냐는 질문에 한동안 침묵을 지키다가 울먹이는 목소리로 말했어요.

"내가 이긴 것은 다행입니다. 기쁘기도 기쁘나 실상은 웬일

손기정 투구 | 베를린 올림픽 마라톤에서 우승하고 부상으로 받게 된 투구이다. 이것은 손기정 선수에게 바로 전달되지는 못했다. 이후 1986년 베를린 올림픽 50주년을 기념해 반환받게 되었고, 손기정 선수는 이를 국립중앙박물관에 기증하였다.

인지 이기고 나니 가슴이 복받쳐 오르면서 울음만 나옵니다."

당시 인터뷰를 진행했던 기자들은 손기정 선수가 열 가지 질문을 하면 겨우 한 가지 질문에 답을 할 정도라며 답답해했어요. 하지만 나라 잃은 젊은이가 느꼈던 답답한 심경이 그의 말문을 닫게 한 건 아닐까요?

그의 심경을 잘 보여 주는 일화가 있어요. 우승을 하고 한국의 지인에게 보낸 엽서 한 장이 있었어요. 엽서 왼편에 찍혀 있는 올림픽 문양을 보면 아마도 올림픽과 관련된 엽서를 사서 보낸 모양이에요. 엽서의 내용은 단 세 글자. '슬프다'였다지요. 그리고 끝에 느낌표 두 개와 물음표 하나를 적어 놓았습니다. 올림픽의 꽃인 마라톤에서 금메달을 딴 선수가 그 다음 날 보낸 엽서치고는 좀 이상하기는 합니다. 내용도 내용이지만 느낌표와 물음표를 보면 뭔가 크게 소리를 내고 싶은데 그러지 못하는 것 같아서 짠한 마음이 듭니다.

금메달을 딴 당사자는 복잡한 심경이었다고 해도 이 소식을 전해 들은 우리 동포들은 열광적인 반응을 보입니다. 시인 심훈은 손기정 선수의 금메달을 알리는 소식을 보고 '오오, 조선의 남아여!'라고 시작하는 시를 적어 내려갑니다. 감정의 최고조에 달한 시인은 이렇게 외칩니다.

오오, 나는 외치고 싶다! 마이크를 쥐어 잡고
전 세계의 인류를 향해서 외치고 싶다!
'인제도 인제도 너희들은, 우리를 약한 족속이라 부를 테냐?'

1936년, 나라를 잃고 이름마저 빼앗긴 우리 동포들에게 손기정의 금메달은 단순한 메달이 아니라 약소국의 자존심과 긍지를 되살리는 놀라운 사건이었던 셈입니다.

## 손기정의 후예들

금의환향한 손기정과 남승룡은 전국을 돌면서 베를린 올림픽 기록 영화를 학생들에게 보여 주며 그들의 심장을 뛰게 했고 결국 길 위를 달리게 만듭니다. 물론 손기정 이전에도 마라톤으로 이름을 날렸던 김은배[1907~1980]나 권태하[1906~1971] 같은 선수들이 있었지만 손기정의 우승이 가장 큰 영향을 미쳤지요. 그중 한 명이 얼마 전 세상을 뜬 서윤복[1923~2017]입니다. 1947년 4월 19일, 당시에는 올림픽을 제외하고는 유일한 마라톤 대회인 보스턴 마라톤 대회에서 세계 신기록인 2시간 25분 39초로 우승했던 선수이지요. 우리가 잘 아는 김구 선생께서 친히 '족패천하足覇天下'라는 글을 써 그의 승리를 축하했다고 합니다. '발로 세계를 재패했다.'는 뜻이지요.

이듬해인 1948년 런던 올림픽이 열려요. 이 올림픽은 우리에게 특별히 뜻깊은 올림픽입니다. 그 이유는 2장에서 자세히 밝히고 있지요? 일장기를 가슴에 달고 출전한 1936년 베를린 올림픽과는 달리 1948년 런던 올림픽에는 대한민국이라는 이름으로 태극기를 달고 출전했어요. 2차 세계 대전으로 1940년과 1944년 두 차례의 올림픽이 열리지 못했어요. 그러다 전쟁이 끝난 뒤 처음으로 열린 런던 올림픽에서 국민들은 자연스레 12년 전 손기정의 쾌거를 떠올립니다. 선수 한 명 보내는 비용조차 부담스럽던 시절이었는데도 불구하고 유독 마라톤에만 지도자 두 명(손기정, 남승룡), 그리고 선수를 네 명(서윤복, 최윤칠, 홍종오, 함기용)이나 보낼 정도로 국민적 지지와 기대가 컸어요. 한 나라에서 세 명만 출전할 수 있어서 함기용 선수는 올림픽에 가지도 못하고 돌아왔어요. 나이로 보나 경험으로 보나 함기용 선수가 가장 막내였기에 후보 선수로 따라갔다고 볼 수 있지만 남승룡 코치는 끝까지 최종 출전권을 놓고 치열하게 경쟁하도록 독려했어요. 지독한 연습벌레였던 남승룡 코치는 런던으로 가는 내내, 배를 타면 갑판 위에서 비행기를 기다리면 활주로에서 신발을 갈아 신고 먼저 뛰었다고 해요. 이때 올림픽에서 뛰지도 못하고 돌아온 함기용 선수가 바로 2년 뒤 1950년 보스턴 마라톤에서 우승을 하지요.

런던 올림픽에 나간 한국 대표 선수 중 가장 기대를 받은 선수는 역시 함경도 출신의 마라토너 최윤칠입니다. 10남매의 장

남으로 홀로 월남해 갖은 어려움을 이겨 내며 조선 최고의 마라토너가 된 선수예요. 그 역시 어릴 적에 손기정, 남승룡의 올림픽 기록 영화를 보면서 마라토너의 꿈을 키웠답니다. 할아버지가 지어 준 윤칠蕭七이라는 이름은 일곱 개의 산봉우리라는 뜻이에요. 살면서 일곱 개의 업적을 이루라는 할아버지의 기대가 담긴 이름이지요. 최윤칠은 키가 크고 체격이 좋아 오히려 장거리 선수로서 자질이 없는 게 아닌가 의심을 받기도 했어요.

큰 키 때문에 남쪽으로 넘어온 뒤 처음 찾아간 양정고등학교 육상부에서 단박에 거절을 당하기도 했고요.

런던 올림픽에서 온 국민의 기대를 한 몸에 받았던 최윤칠은 마라톤 경기에서 마지막까지 선두를 유지해 다시 한 번 올림픽 재패를 노렸지만 웨슬리 주경기장을 눈앞에 두고 다리가 마비되어 경기를 포기하기에 이릅니다. 함께 출전한 홍종오, 서윤복도 각각 25위, 29위로 낮은 성적을 기록하고 말지요.

기대가 컸던 만큼 실망도 큰 법이지요. 귀국한 마라톤 국가 대표팀은 한동안 시내에서 훈련을 하지 못했어요. 배신감을 느낀 시민들의 돌팔매질을 피해 인적이 드문 공원을 찾아 연습을 해야 했습니다. 실망이 크다고 해서 열심히 뛰고 온 선수들에게 돌을 던지면 안 되겠지요? 비슷한 상황이 2014년 브라질 월드컵에서 좋지 않은 성적을 거두고 귀국한 국가 대표팀에게도 있었어요. 물론 돌은 아니고 엿이었지만 열심히 뛰고 온 선수들에게 이런 행동을 하는 건 생각해 봐야 하지 않을까요?

**보스턴 마라톤 대회**
미국 보스턴에서 매년 4월에 열리는 세계적인 마라톤 대회이다. 1947년 서윤복이 세계 신기록으로 우승을 했고, 2001년에는 이봉주가 우승을 하는 등 한국과도 인연이 깊은 대회이다.

## 대한민국이 1, 2, 3위를 차지한 마라톤 대회

다시 도전을 준비하던 마라톤 대표팀은 1950년 보스턴 마라톤 대회*에서 1위, 2위, 3위를 싹쓸이하면서 손기정, 남승룡의 베를린 재패 이후 한국 마라톤의 가장 찬란한 시절을 맞이하게 됩니다. 우승은 런던 올림픽 마라톤 후보 선수였던 스무

살의 함기용이 했어요. 2위는 송길윤, 그리고 3위는 앞서 런던 올림픽 마라톤에서 경기 도중 기권을 해서 사람들의 분노를 샀던 최윤칠이에요. 실은 이 대회도 최윤칠에게는 몹시 아쉬운 면이 있어요. 기록으로나 경험으로나 최고의 장거리 선수였던 최윤칠은 보스턴 마라톤을 앞두고 무리를 해 무릎에 통증을 느꼈거든요. 진통제를 맞고 시합에 나가야 할 상황이었는데 그 결정은 당시 감독인 손기정의 몫이었습니다. 진통제에 대한 믿음이 없는 상황에서 손기정은 결정을 미뤘고, 결국 최윤칠은 진통제를 맞지 않고 경기에 나가지요. 경기 시작 전 최윤칠은 선수들을 모아 놓고는 "우리들 중 누구라도 우승을 해야 하지 않느냐."며 자신을 희생해 후배들을 도와주려는 계획을 세워요.

경기가 시작되자마자 모든 선수들의 표적이 된 최윤칠은 대다수의 상위권 선수들이 전반에 제 페이스를 잃도록 유도합니다. 그의 작전이 효과가 있었는지 페이스를 지키던 함기용과 송길윤은 중반을 지나 앞서 나가고 이후 기진맥진한 최윤칠은 후배들의 건투를 빌며 멈추어 서지요. 그런데 워낙 초반에 빨리 뛰어서 그런지 좀처럼 최윤칠을 추월하는 선수가 없었다고 합니다. 걷다 뛰다를 반복하면서 거의 결승점에 다다른 최윤칠. 이미 함기용과 송길윤은 각각 1위와 2위로 결승선을 통과한 상황에서 최윤칠은 다시 한 번 다리 근육이 마비되어 움직이지 못했어요. 그 사이 미국 선수가 그를 추월해요. 흥분한

보스턴 마라톤에 출전한 한국 선수들 | 함기용, 송길윤, 최윤칠 선수는 이 대회에서 1, 2, 3위를 싹 쓸이했다.

손기정 감독이 펄펄 뛰면서 소리를 질렀어요. 잠시 숨을 고르던 최윤칠은 기다리라면서 손기정 감독을 진정시키지요. 마비가 풀리자마자 다시 뛰기 시작한 최윤칠은 놀랄 만한 스피드로 결승선을 불과 3m 남기고 앞선 선수를 추월해 3위로 도착합니다. 대한민국 선수가 1위, 2위, 3위를 차지해 '보스턴 정벌'이라고 불리는 1950년 보스턴 마라톤 대회. 세계 올림픽 역사에 길이 남는 사건이 완성되는 순간이었지요.

최윤칠은 성취의 문턱에서 번번이 좌절했어요. 그가 마지막으로 참가한 1952년 핀란드 헬싱키 올림픽에서도 그랬어요. 당시 장거리 종목 최고의 스타는 체코슬로바키아의 육상 영웅

에밀 자토펙입니다. 오만상을 찌푸리고 씩씩대면서 뛰는 바람에 인간 기관차라는 별명이 붙었던 선수예요. 헬싱키 올림픽 5,000m, 10,000m에서 모두 금메달을 따고는 계획에 없던 마라톤 종목까지 신청해서 뛰게 되었어요. 그의 실력을 잘 알고 있던 최윤칠은 속으로 '금메달은 어렵겠구나. 3등이라도 해야겠다.'라고 다짐했어요. 그래도 페이스를 조절하면서 딱 3등이거니 하고 뛰었는데 글쎄 결승점에 들어오고 보니 4등이었던 거예요. 훗날 최윤칠은 "올림픽 메달이라는 게 하늘이 점지해 주지 않으면 안 되는 거야."라며 아쉬워했다고 합니다.

헬싱키 올림픽에서 4등을 했던 선수 중에 기억할 만한 선수가 한 명 더 있습니다. 바로 로저 베니스터예요. 2장에서도 등장했던 인물이지요? 그는 영국 옥스퍼드대 의대생인데 육상으로 올림픽 금메달을 따겠다는 목표를 세우고 1,500m 경기에 나섭니다. 영국 최고의 기록을 세우긴 했지만 안타깝게도 올림픽에선 4등에 그쳐 메달을 따진 못했어요. 상심이 커서 육상을 그만둘까 고민하다가 1마일약 1,609m을 4분에 주파하겠다는 목표를 세우고 다시 혹독한 훈련을 시작합니다. 2년 뒤인 1954년 5월 6일 드디어 로저 베니스터는 3분 59초4의 기록으로 1마일 4분 벽을 깬 최초의 인간이 됩니다. 그런데 흥미로운 사실은 그렇게 깨기 어렵다던 4분 벽이 불과 46일 만에 존 랜디에 의해 다시 고쳐집니다. 기록은 경이로운 3분 57초9. 더구나 그 뒤

1년 사이에 불가능하다고만 여겨졌던 기록을 깬 사람이 30명이 넘지요. 어떻게 이런 일이 가능했을까요? 1년 사이에 전 인류의 달리기 실력이 갑자기 확 좋아진 걸까요? 그 당시 많은 전문가들은 1마일을 4분에 달리면 인간의 한계를 넘어서는 부담을 주기 때문에 심장과 근육이 찢어져 죽음에 이를 수 있다고 경고했어요. 모두가 안 된다고 할 때 베니스터는 스스로 한계를 깰 수 있다는 믿음을 가지고 그 거짓 한계를 깬 거예요. 베니스터를 보고 다른 사람들은 그 한계를 더 이상 한계로 받아들이지 않았던 것이고요.

### 평화를 향해 달리는 사람들

끝으로 마라톤을 통해 평화의 메시지를 전하는 분을 소개할게요. 사토 유시유키는 신일본스포츠연맹 New Japan Sports Federation 국제 활동국에서 일하는 시민 운동가이자 마라토너예요. 그는 늘 'No War'이라는 깃발을 들고 뜁니다. 사토는 2015년 아베 정권이 평화헌법을 개정해 일본을 전쟁을 할 수 있는 나라로 바꾸려는 그 순간 일본 국회 의사당 주위를 뛰면서 온몸으로 시위를 했어요. 그리고 마라톤 거리인 42.195km를 채우고 나서야 멈추어 섰지요. 그가 몸담고 있는 신일본스포츠연맹은 매년 8월 6일이면 히로시마를 출발해 8월 9일 나가사키에 도달하는 반전 반핵 마라톤 대회를 열어요. 1945년 원폭이 떨어진

　8월 6일과 9일 사이에 두 도시를 잇는 달리기를 진행하지요. 마라톤을 통해 다시는 이런 비극이 있으면 안 된다는 마음을 다지는 시간이기도 하고요.

　앞서 살핀 것처럼 마라톤과 육상의 역사 속에서 달리는 사람들을 많이 만날 수 있었지요? 달리는 사람만큼 달리는 이유 또한 다양하다는 것을 알 수 있었을 거예요. 이 책을 읽는 어린이들은 무엇을 위해 달리고 싶나요?

글. 정용철(서강대학교 교육대학원 교수)

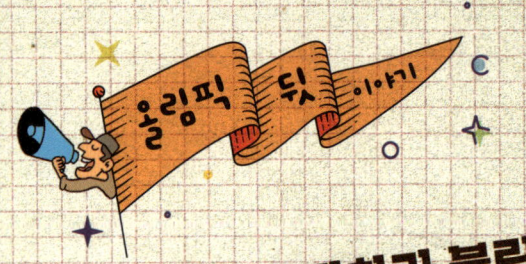

## 인간 기관차라 불린 사나이 '에밀 자토펙'

달리기에 있어서는 늘 자신감 넘치고 거칠 것 없던 최윤칠에게 '이 선수는 도저히 이길 수 없을 것 같다.'는 좌절감을 안겨 준 인물이 바로 체코의 육상 영웅 에밀 자토펙입니다. 자토펙의 생애 가운데 가장 빛나는 순간은 1952년 헬싱키 올림픽입니다. 현직 육군 대위였던 그는 5,000m와 10,000m에서 내리 우승하고 내친 김에 마라톤에 출전해 금메달을 땁니다. 생애 처음으로 도전한 마라톤에서 올림픽 금메달을 목에 걸었던 거지요. 인간 기관차라는 이름은 오만상을 찡그리고 씩씩거리면서 달리는 모습을 보고 동료 선수가 붙여 준 별명이에요. 나중에 체코의 기관차 이름을 실제로 자토펙으로 지었답니다. 하지만 자토펙도 인간인지라 마라톤 완주 이후 1주일 동안 걷지도 못했다고 해요.

자토펙은 혹독한 훈련을 생각해 내고는 자신의 한계를 넘고 또 넘었지요. 지금은 일반적으로 사용되는 '인터벌 트레이닝'을 직접 고안해 스스로를 단련시켰어요. 숨을 참고 훈련을 하다가 기절한 적이 있을 정도로 지독한 훈련을 통해 17년 동안 무려 18번 세계 신기록을 경신합니다.

그가 남긴 '새는 날고, 물고기는 헤엄치고, 사람은 달린다.'는 말은 자신의 끊임없는 도전과 성취가 특별할 것 없이 자연스러운 활동이었다는 말로 들려요.

혹독한 훈련과 지독한 승부욕에도 불구하고 동료 선수들에게 자토펙은 냉혹한 승부사보

다는 따뜻한 친구로 알려져 있습니다. 세계적인 기량을 가진 당대 최고의 선수임에도 불구하고 유난히 올림픽에서만은 운이 없던 호주의 육상 선수 론 클라크에게 자신이 받은 금메달 중 하나를 선물로 건넨 일은 그의 따뜻한 면을 잘 보여 줍니다.

체코 사람들에게 자토펙은 단지 기록을 경신하고 금메달을 딴 운동 선수만은 아니에요. 그가 일생을 통해 불의와 타협하지 않고 자

인간 기관차라 불리던 에밀 자토펙(사진 왼쪽)

신이 믿는 정의를 향해 목소리를 냈기 때문에 가장 유명한 운동 선수로서 대중의 사랑을 받았습니다. 독재를 혐오했다는 자토펙은 2차 세계 대전이 일어나 독일이 체코를 점령했을 때 끓어오르는 분노를 삭이기 위해 달렸다고 해요. 그는 평탄한 사회주의 국민 영웅이 되는 것을 거부하고, 체코 민주화 운동을 적극 지지했어요. 체코 공산 정권은 즉시 그를 육군 육상팀 코치에서 해임했고 공산당에서는 제명까지 당해요. 자토펙은 이후 20여 년간 유배나 다름없는 고난의 시간을 보내야 했어요. 1990년에 복권되기는 했지만 이미 인간 기관차 자토펙의 몸은 이전의 강건함을 잃은 뒤였습니다. 2000년 12월 6일 체코 프라하에서 국장으로 치러진 그의 장례식에 참석한 국제육상연맹IAAF의 라믹 디악 회장은 추도사에서 이렇게 말했어요. "우리가 그의 죽음에 비통해하는 것은 그가 단지 올림픽에서 4개의 금메달을 땄기 때문이 아니다. 그보다는 자토펙이 평범한 한 인간으로서, 개인의 자유와 존엄성을 지키기 위해 온몸을 던진 투사였기 때문이다."

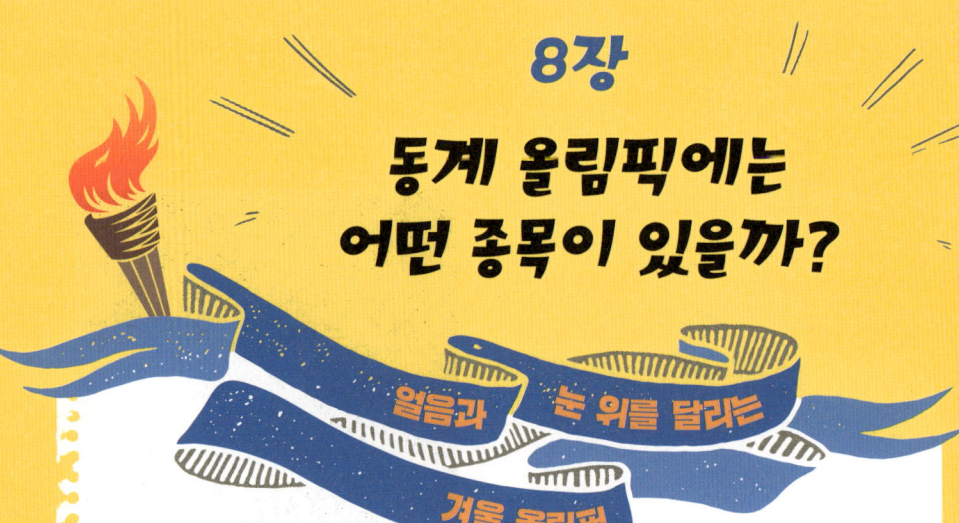

# 8장
# 동계 올림픽에는 어떤 종목이 있을까?

### 얼음과 눈 위를 달리는 겨울 올림픽

첫 번째 동계 올림픽은 언제 어디에서 열렸을까요? 바로 1924년 프랑스 샤모니에서 열렸어요. 그 이전인 1908년 런던 올림픽부터 피겨 스케이팅과 아이스하키 경기가 열리기는 했지만 하계 올림픽은 더운 계절에 열리기 때문에 겨울 스포츠 경기를 개최하는 데 어려움이 많았어요. 겨울 스포츠를 사랑하는 유럽 국가들이 적극적으로 요청함에 따라 IOC는 겨울 스포츠를 중심으로 한 동계 올림픽을 따로 열기로 결정하지요. 1924년 프랑스 샤모니 동계 올림픽을 시작으로 2014년 러시아 소치 동계 올림픽까지 모두 22번의 동계 올림픽이 열렸습니다. 그리고 다가오는 2018년 2월에는 대한민국 평창에서 23회 동계 올림픽이 열립니다.

### 겨울 종합 스포츠 대회

동계 올림픽은 하계 올림픽처럼 4년마다 개최되는 겨울 종합 스포츠 대회입니다. 근대 올림픽에서는 하계 올림픽이 7번 열린 뒤에야 동계 올림픽이 시작되지요.

동계 올림픽은 설상과 빙상, 즉 눈 또는 얼음 위에서 열리는 것이 특징이에요. 종목은 모두 15개고요. 눈 위에서 열리는 설상 종목은 7개로, 겨울에 즐겨 하는 스포츠인 스키 종목<sub>알파인 스키, 크로스컨트리, 노르딕복합, 바이애슬론, 프리 스타일 스키, 스키 점프</sub>과 스노보드로

소치 동계 올림픽 알파인 스키 남자 활강 경기 모습

구성되어 있어요. 얼음 위에서 열리는 빙상 종목은 컬링과 스케이트를 신고 겨루는 종목인 아이스하키 및 스케이팅 3개 종목스피드 스케이팅, 쇼트 트랙, 피겨 스케이팅, 그리고 썰매를 이용한 슬라이딩 3개 종목봅슬레이, 루지, 스켈레톤으로 구성되어 있답니다.

동계 올림픽의 대표적 스포츠로 아이스하키와 피겨 스케이팅을 꼽지요. 동계 올림픽 종목으로는 선정된 지 가장 오래되기도 했고 가장 인기 있는 종목이기도 해요. 이 두 종목이 올림픽 입장권 수입의 7~80%를 차지한다고 하니 그 인기가 어느 정도인지 짐작이 가지요?

아이스하키는 피겨 스케이팅과 함께 최초의 동계 올림픽인 1924년 샤모니 동계 올림픽에서 정식 종목으로 채택된 뒤 지금까지 이어져 오고 있어요. 동계 올림픽에서 관중 동원, 매출의 거의 절반을 차지하는 최고의 인기 종목이지요. 특히 아이스하키 결승전은 마라톤처럼 동계 올림픽 폐막식 직전에 열리는 피날레 게임finale game이에요.

아이스하키는 얼음 위에서 6명으로 이루어진 두 팀이 스틱으로 고무 퍽을 쳐서 상대팀의 골문에 골을 넣어 점수를 올리는 스포츠예요. 몸싸움이 많은 게임이기 때문에 보호 장구와 튼튼한 유니폼 착용이 필수랍니다.

## 아이스하키는 언제부터 시작되었을까?

1800년대 중반 캐나다 원주민들이 아일랜드의 헐링의 영향을 받았을 거라 추측되는 하키와 비슷한 경기를 즐겼다고 해요. 사각형의 나무 조각과 나무 막대가 쓰인 이 경기는 스코틀랜드와 아일랜드의 이주민들과 영국의 군인들에 의해 캐나다 전역으로 확산되었어요.

하키라는 이름은 바로 '목동의 막대'라는 뜻의 프랑스어인 'hoquet'에서 유래했다고 해요. 1875년에 캐나다 몬트리올 맥

**아이스하키 경기 장면** | 아이스하키는 아일랜드의 헐링에서 영향을 받아 만들어졌다.

길 대학의 학생들이 빙판이 된 강 위에서 편을 갈라 경기를 한 것이 최초예요. 이후 캐나다의 전통 스포츠로 발전하면서 캐나다인들이 가장 사랑하는 스포츠로 자리 잡게 됩니다.

근대 아이스하키는 캐나다를 중심으로 발전하였는데, 이후 유럽에 소개되어 큰 인기를 얻게 되지요. 1908년 5월 파리에서 가진 첫 번째 모임에서 IIHF국제아이스하키연맹가 만들어집니다. 1920년에 국제 대회를 개최하기 시작하고, 1924년 동계 올림픽에 정식 종목으로 채택된 것이지요. 1998년 나가노 올림픽에는 첫 여자 팀이 출전해 아이스하키에 여자 종목이 추가되었답니다.

아이스하키는 동계 올림픽 종목 중 유일한 구기 종목이자 팀 스포츠입니다. 유일한 팀 스포츠이다 보니 애국심을 강조한 경쟁, 지나치게 뜨거워진 관중의 응원이 나라 사이의 갈등을 부추기기도 하지요. 특히, 민주주의 국가와 사회주의 국가 간의 갈등이 아주 심했던 냉전* 시기에 미국과 소련지금의 러시아의 경기는 매우 치열했어요.

1980년 미국 레이크 플래시드 동계 올림픽에서의 일입니다. 8,500명의 관중이 경기장을 가득 메운 가운데 미국과 소련의 아이스하키 결승전 경기가 열렸어요. 당시는 미국과 소련의 정치적, 이념적인 갈등이 최고조일 때였어요. 소련 아이스하키 팀은 자타공인 세계 최강이었지요. 1964년부터 1976년 올림픽

냉전
직접적으로 무력을 쓰지 않고, 경제·외교·정보 등을 수단으로 하는 국제적인 대립을 말한다. 특히 2차 세계 대전을 중심으로 한 대립을 뜻한다.

까지 4회 연속 금메달을 따 '무적의 팀'이라 불릴 정도였으니까요. 반면, 미국 아이스하키 팀은 대학생 선수로 이루어진 아마추어 팀이었어요. 대부분의 사람들은 미국과 소련의 경기는 '계란으로 바위 치기'라고 생각했고 결과는 불 보듯 뻔하다고 생각했지요. 당연히 소련이 5연속 금메달을 딸 거라 믿었고요. 그런데 결과는 어떻게 되었을까요? 격전 끝에 미국 팀이 우승을 차지했어요. 놀랍지요? 선수 개개인의 실력과 면모를 비교하면 누가 봐도 소련의 우승이 점쳐지는 경기라고 생각되는데 말이지요. 아마추어들로 이루어진 미국 팀이 극적으로 이긴 이 경기는 '은반 위의 기적'이라고 불립니다. 선수 개개인보다 팀이 강했던 이 감동스러운 경기는 〈미라클〉이란 제목의 영화로도 만들어졌지요. 그리고 지금까지 많은 미국인들이 이 경기를 기억하고 자랑스러워하고 있답니다.

### 승승장구하는 캐나다 아이스하키

아이스하키 종주국이라 할 수 있는 캐나다는 역대 올림픽에서 모두 13번, 소련은 7번, 미국은 3번 금메달을 땄어요. 특히, 냉전 시기인 1960년대부터 1980년대까지 소련에게 밀리기만 했던 캐나다는 2000년대 들어 부활하게 됩니다. 2002년 솔트레이크 올림픽, 2010년 밴쿠버 올림픽, 2014년 소치 올림픽 등 최근 올림픽에서 승승장구하고 있지요. 이러한 캐나다의 선전에는 전설적인 두 명의 선수인 웨인 그레츠키와 시드니 크로스비가 있어 가능했어요.

웨인 그레츠키는 약 20년 동안 내셔널하키리그[NHL*]에서 활동하며 아이스하키 역사상 가장 뛰어난 업적을 남겨 '살아 있는 신화'로 불리는 선수예요. 894골의 정규 리그 최다 득점 기록과 1,963개의 어시스트 기록을 남겨서 하키계의 전설로 통하지요. 그의 등번호 99번은 NHL 전 구단 영구 결번으로 지정되었고, 하키 명예의 전당에 올랐어요. 은퇴한 뒤엔 지도자로 변신하여 2002년 동계 올림픽에서 캐나다 남자 아이스하키 대표팀 감독을 맡기도 했어요. 이때 캐나다 아이스하키 팀은 숙적인 미국을 꺾고 동계 올림픽에서 50년 만에 금메달을 따기

**내셔널하키리그 (NHL)**

북미아이스하키리그이다. 1917년 미국과 캐나다가 NHL을 만들면서 시작된 프로 아이스하키 리그이다.

도 했지요. 캐나다에서 가장 유명한 선수 중 한 명으로 알려진 웨인 그레츠키는 2010년 캐나다 밴쿠버에서 열린 21회 동계 올림픽 성화 봉송에서 최종 주자로 참여하기도 했답니다.

웨인 그레츠키가 최종 성화 봉송 주자로 불을 밝혔던 그 대회에서 웨인 그레츠키의 뒤를 잇는 젊은 선수 시드니 크로스비는 미국과의 결승전 경기 연장 7분 40초에 서든데스* 골을 넣어 캐나다를 우승으로 이끌어요. 캐나다 아이스하키의 전설 웨인 그레츠키로 시작된 밴쿠버 동계 올림픽이 새로운 전설 시드니 크로스비로 마무리되는 순간이었습니다.

**서든데스**
운동 경기에서 승부가 나지 않아 연장전에 들어간 경우, 먼저 득점하는 팀이 이기고 경기를 끝내는 방식.

2005년 17세 때 전체 드래프트 1순위로 북미아이스하키리그의 피츠버그 펭귄스 팀에 들어간 크로스비는 첫해 골과 도움을 합쳐 102포인트로 루키 신기록을 세운 선수로서 2007년에는 북미아이스하키리그 최연소 주장이었던 선수예요. 2010년에 이어 2014년 소치 동계 올림픽에서도 아이스하키 팀의 주장으로 캐나다를 우승으로 이끈 크로스비는 2015년 월드 챔피언십 우승까지 이루었어요. 그는 트리플 골드 클럽에 입성했을 뿐만 아니라 세 번의 우승 모두 주장으로 이뤄 낸 최초의 선수입니다. 웨인 그레츠키 이후 캐나다 하키를 대표할 차세대 스타를 지칭하는 'Sid the Kid'와 'The Next One'이라는 별명으로 불리는 크로스비는 '시드니 크로스비 재단'을 세워 어린이들을 위한 자선 사업을 하고 있고, 2015년에는 콜 하버에서 하키 학교를 시작했답니다. 실력과 리더십을 갖춘 시드니 크로스비 선수의 플레이를 2018년 평창 동계 올림픽에서도 볼 수 있다면 참 좋겠지요?

### 빙판 위의 댄스 스포츠, 피겨 스케이팅

피겨 스케이팅은 아이스 링크 위에서 음악에 맞춰 스케이팅 기술을 선보이는 스포츠입니다. 정식 종목으로 남자 싱글 스케이팅, 여자 싱글 스케이팅, 페어 스케이팅, 아이스 댄싱, 싱크로나이즈 스케이팅이 있지만, 올림픽 경기에는 남녀 싱글 스케이팅과 페어 스케이팅, 아이스 댄싱 4개 종목만 포함되어 있어요.

'피겨Figure'라는 이름은 빙판 위에서 도형을 그리듯이 움직이는 것에서 유래했어요. 유럽과 북미 사람들이 빙판 위에서 스케이트를 타며 노는 것에서 시작하여 스케이팅과 발레, 사교 댄스를 결합한 것이 현대의 피겨 스케이팅입니다. 그래서 피겨 스케이팅을 '빙판 위의 댄스 스포츠'라고 부르기도 한답니다. 피겨 스케이팅도 아이스하키처럼 1924년 샤모니 동계 올림픽부터 정식 종목으로 채택되었어요.

피겨 스케이팅 종목 중 가장 인기 있는 종목은 싱글 스케이팅입니다. 그중에서도 여자 종목이 인기가 높지요. 우리나라에서는 밴쿠버 동계 올림픽에서 금메달을 딴 김연아 선수 덕분에

밴쿠버 동계 올림픽에서 금메달을 딴 김연아

피겨 스케이팅에 대한 인지도가 매우 높아졌어요.

싱글 스케이팅 종목은 쇼트 프로그램과 프리 스케이팅 프로그램으로 이루어져 있어요. 쇼트 프로그램은 제한 시간 안에 정해진 기술 요소를 연기하는 종목으로 2분 4~50초 시간 동안 연기해요. 프리 스케이팅 프로그램은 여자 4분~4분 10초, 남자 4분 3~40초 동안 연기하고요. 이 시간 동안에 점프, 스핀, 스텝, 스파이럴 등 정해진 스케이팅 기술을 적절히 구성하여 연기하는 종목입니다. 기술의 정확도와 난이도, 그리고 연기의 예술성을 평가하고 점수를 매겨 순위를 가리게 되지요.

피겨 스케이팅은 아름다운 음악과 함께 스케이팅 기술, 선수의 연기를 함께 볼 수 있어 '은반 위의 종합 예술'로 불리어요. 피겨 스케이팅 선수들이 음악에 맞추어 스텝을 밟고 회전을 하다가 2연속, 3연속 점프를 한 뒤 완벽한 착지를 하는 모습을 보면 아름답다 못해 경이로울 때가 있습니다.

피겨 스케이팅의 매력은 제한된 시간 내에 미리 정해진 여러 가지 스케이팅 기술을 선수가 얼마나 실수 없이 연기로 표현하는가에 달려 있어요. 심판에게 좋은 점수를 얻는다는 것은 특정한 형식의 스케이팅 기술이 정확하게 실행될 것이라는 심판의 기대와 기준을 충족시킨다는 것을 의미하지요.

그러나 스포츠의 한계를 넘어서는 일, 특히 피겨 스케이팅이나 프리 스타일 스키, 하계 종목의 리듬 체조나 기계 체조,

다이빙 등의 종목에서 한계를 넘어서는 것은 제한된 기술을 정확히 구현하는 순간이기보다는 어렵고 복잡한 기술을 새롭게 시도하는 순간일 거예요. 실패를 무릅쓴 지속적이고 다양한 시도가 한 걸음 더 나아간 스포츠를 즐길 수 있게 만들어 주지요. 이 같은 시도가 스포츠의 문화적, 기술적 차원을 한층 더 높여 줍니다. 이러한 점이 바로 피겨 스케이팅이나 프리 스타일 스키 같은 종목의 매력이자 특성이라고 할 수 있지요.

### 피겨 스케이팅, 성차별과 인종 차별에 도전하다

피겨 스케이팅은 기술에 대한 도전뿐 아니라 성차별, 인종 차별에 대한 도전 또한 끊임없이 이루어지는 종목이에요.

피겨 스케이팅은 매우 보수적인 스포츠로 알려져 있어요. 특히 백인 우월주의가 강하게 자리잡고 있지요. 현재는 중국계 미국인 선수인 미셸 콴이나 김연아, 아사다 마오 등 동양계 선수들이 맹활약 중이지만 남자 싱글의 경우는 아직도 유럽과 북미의 백인 선수들이 주류를 이루고 있어요.

지금처럼 동양계 선수들이 활약하기 이전에도 새로운 스케이팅 기술을 시도하고 인종 차별에도 도전했던 선수가 있습니다. 1980년대 후반부터 1990년 중반까지 피겨 스케이팅계를 빛냈던 프랑스 태생의 수리야 보날리 선수가 바로 그 주인공이지요. 유럽 챔피언을 5번, 프랑스 챔피언을 9번 차지했던 훌륭

한 선수이지만 흑인에 미인이 아니라는 이유로 세계 무대에서 번번이 불이익을 받았던 선수예요.

피부색 때문에 자신의 실력만큼 평가받지 못한다고 생각한 수리야 보날리는 누구도 시도하지 않았던 새로운 기술을 선보입니다. 바로 빙판 위에서 백덤블링을 한 뒤에 한 발로 착지하는 '백플립'을 연기한 거예요. 여자 선수로는 수리야 보날리만이 가능했어요. 하지만 아주 난이도가 높았음에도 흑인이라는 이유로 낮은 점수를 받았어요. 그리고 '백플립'은 1994년 일본 세계 선수권 대회 이후부터는 금지 기술이 되었답니다.

1998년 나가노 올림픽에 출전한 수리야는 여전히 차별이 존재한다고 생각하고 금지된 기술인 백플립을 연기하며 심판들에게 도전장을 내밀기도 했어요. 나가노 올림픽 이후 그녀는 프로 스케이터로 방향을 바꾸었어요.

1988년 캘거리 동계 올림픽에서 금메달을 딴 독일의 카타리나 비트는 쇼트 프로그램에서 1위를 한 미국의 데비 토마스와 같은 음악으로 프리 스타일 프로그램 연기를 했어요. 훗날 '카르멘 전쟁'이라고 불리는 경기였지요. 카타리나 비트는 프리 스타일 프로그램에서 압도적으로 좋은 점수를 받으며 금메달을 차지했고, 데비 토마스는 동메달을 땄습니다.

심판의 눈으로 예술성을 평가한다는 점에서 그들의 주관성이 배제될 수는 없을 테지요. 그 때문일까요? 피겨 스케이팅에서 판정 논란은 끊이질 않습니다. 그럼에도 불구하고 매 대회마다 새로운 기술을 시도하고 경기의 관습에 도전하는 선수들이 있어요. 그러한 선수들이 스포츠를, 그리고 올림픽을 더욱 가치 있게 만들지요. 바로 이것이 '올림픽의 유산 Olympic legacy'이 아닐까요?

글. 함은주(사회체육학 박사)

# 9장
# 패럴림픽은 어떻게 치러지나?

## 장애인 올림픽에서 배우는 스포츠의 가치

발을 헛딛고 / 추락했던 그 자리

13층 비상계단 입구는 / 어떻게 마무리되었는지

오직 그것이 보고 싶어 김씨는

다리를 절룩이며 / 옛날의 일터를 찾아갔다

용접공 이씨를 만나면 / 반가워 낮술 한잔 / 꺾을지도 모른다

그러나 서울빌딩 현관 앞에서

넥타이를 맨 수위가 / 그를 가로막았다

일없는 사람은 들어갈 수 없다고

쓰레기를 쳐가는 뒷문에서도 / 험상궂은 문지기가 길을 막았다

김씨는 돌아서서 / 어디로 가나

## 패럴림픽, 자신의 존재를 당당히 드러내다

앞에 나온 시는 김광규 시인의 '목발이 김 씨'라는 시입니다. 빌딩을 짓다가 떨어져 왼쪽 다리를 잃은 김 씨가 반 년 뒤에 완공된 빌딩 앞에 와 목발을 짚고 서 있어요. 자신이 떨어졌던 13층이 어떻게 되었는지 궁금해 빌딩으로 들어가려던 김 씨를 넥타이를 맨 수위가 막아섭니다. 돌아선 김 씨가 이제 어디로 가야 하냐고 시인은 조용히 묻고 있지요.

돌이켜 보면 우리 주위에서 일어날 수 있는 일이기도 하지요. 어제까지만 해도 멀쩡하던 사람이 사고를 당해 팔이나 다리를 잃거나 아니면 눈이 보이지 않을 수도 있어요. 꼭 사고가 아니더라도 갑작스런 질병이나 혹은 선천적인 이유로 다른 사람들과 조금 다른 이들이 있지요. 사람들은 그들을 장애인이라고 부릅니다. 우리나라에는 이런 장애인들이 선택할 수 있는 길이 그리 많지 않아요. 외국에 나가 보면 종종 만날 수 있는 장애인을 우리나라에서는 유독 보기 어려운 이유가 있다고 해요. 장애인들의 수가 적은 것이 아니라 비장애인들처럼 돌아다닐 수 있는 환경이 제대로 갖춰져 있지 않기 때문에 겉으로 드러나지 않았을 뿐인 거지요. 수위가 막아서니 돌아설 수밖에 없었던 목발 짚은 김 씨가 어디로 가야 할까요?

신체적 장애를 얻으면 몸만 불편해지는 게 아니라 마음도 불편해집니다. 그래서 이들이 극복해야 할 것은 신체적인 제약

뿐 아니라 다른 사람의 시선 때문에 생긴 마음의 벽도 함께 넘어서야 해요. 이렇게 몸과 마음의 어려움을 떨치고 세상을 향해 자신들의 존재를 당당히 드러내는 이들을 가장 잘 볼 수 있는 스포츠 이벤트가 바로 '패럴림픽Paralympic'입니다.

## 패럴림픽은 언제부터 시작되었을까?

패럴림픽이란 단어를 살펴볼까요? 'para'라는 접두어에 Olympic을 뜻하는 '-lympic'이 붙어 있습니다. '파라'의 그리스 어원에는 '버금부, 副'이라는 뜻이 있다고 합니다. '~옆에, 혹은 나란히'라는 뜻이지요. 가끔 '결함, 가짜'라는 뜻으로도 쓰여요. 자격증이 없으나 전문직에 버금가는 기술을 가지고 전문가들의 옆에서 돕는 사람을 일컬어 'paraprofessional'이라고 부르기도 하지요.

패럴림픽은 가짜 올림픽이 아닙니다. 오히려 비장애인들이 벌이는 올림픽보다 올림픽의 본질에 더 가까운 진짜 올림픽이라고 생각해요. 왜 그렇게 생각하냐고요?

패럴림픽은 1948년 2차 세계 대전에서 부상당한 퇴역 군인들이 모여 휠체어를 탄 채 운동 경기를 하면서 시작되었어요. 원래 하반신 마비라는 뜻의 'paraplegic'과 'Olympic'을 합쳐 패럴림픽이라고 불렀던 거지요. 1948년 런던 올림픽이 열린 그날, 의사였던 루드비히 구트만 박사의 제안으로 척수를 다친

병사들의 재활 치료 차원에서 시작된 모임이 현재 올림픽에 버금가는 국제 대회로 성장하지요. 1952년부터 네덜란드 참전병도 참여하면서 국제 대회가 되었고, 1960년 로마 대회 이후부터는 올림픽이 열리는 해에 함께 열리기 시작합니다. 이후 양적으로 커지게 된 계기는 1976년 하계 패럴림픽 대회에서 다양한 장애를 가진 선수들이 참가하면서부터예요. 이 대회에는 40개 국 1,600명의 선수가 출전합니다.

우리들이 잘 아는 1988년 서울 올림픽은 패럴림픽 역사상 매우 중요한 전환점이 되는 대회였어요. 이때부터 패럴림픽이 올림픽이 끝난 뒤 바로 그 도시에서 열리게 되었거든요. 올림픽을 주관하는 IOC International Olympic Committee와 패럴림픽을 주관하는 IPC International Paralympic Committee는 협약을 맺고 두 개의 대회를 마치 하나처럼 함께 치릅니다. 앞에서 설명한 것처럼 하반신 마비라는 뜻의 단어에서 따온 para가 평행parallel이라는 뜻으로 바뀌게 된 거지요. 2018년 평창 동계 올림픽의 정식 명칭

패럴림픽은 부상당한 퇴역 군인들이 모여 휠체어를 탄 채 운동 경기를 하며 시작되었다.

이 '2018 평창 동계 올림픽 대회 및 동계 패럴림픽 대회'인 이유가 바로 여기에 있습니다.

### 패럴림픽의 종목에는 무엇이 있을까?

패럴림픽 종목은 아주 다양합니다. 여러 등급의 장애인이 출전하기 때문에 메달 수도 월등히 많아요. 2016년 기준으로 하계 패럴림픽에는 총 22개의 종목에 526개의 메달이 걸려 있고, 동계 패럴림픽에는 5개 종목에 72개의 메달이 걸려 있어요. 대부분의 종목은 비장애인 종목을 변형하거나 기구를 써서 신체적인 제약을 극복합니다. 때로는 전혀 새로운 종목을 개발해 경쟁하기도 하지요. 예를 들어 시각 장애 선수들만 참여할 수 있는 '골볼'이 있어요. 패럴림픽에서는 세 단계의 시각 장애를 인정하는데, 골볼에 참여하는 모든 선수들은 검정 안대를 써야만 해요. 시각 장애의 정도가 조금 낮은 선수들이 이점을 갖지 않게 하려는 장치입니다. 다른 스포츠와 마찬가지로 공정성과 공평성을 보장하려는 의도이지요.

비장애인 올림픽에는 없는 종목으로 우리나라 선수들이 강세를 보이는 보치아를 들 수 있습니다. 그리스의 공 던지기 경기에서 유래되었다는 보치아는 각각 6개의 청색 공과 적색 공을 던져 표적인 흰색 공에 가까이 붙이면 득점하는 경기입니다. 마치 동계 스포츠의 컬링처럼 다양한 기술과 집중력, 그리

**휠체어를 타고 달리는 선수들**

고 전술이 필요한 경기이지요.

반면 육상과 같은 종목은 다양한 장애를 가진 선수들이 참여할 수 있어요. 이런 종목에 참여하는 선수는 장애 상태에 따라 분류를 하고, 한 분류에 속하는 선수끼리 경쟁을 하지요. 예를 들어 11~13 클래스는 시각 장애 선수들을 위한 분류로, 시각 장애 정도를 나타냅니다. 완전히 시력을 잃은 선수의 경우 가이드가 함께 뛰기도 하지요. 동계 패럴림픽에 참가하는 알파인 스키의 양재림 같은 경우가 가이드와 함께 뛰는 경우예요. 양재림은 가이드인 고운소리와 함께 스키를 탑니다. 우승을 하면 선수와 가이드, 두 사람 모두 메달을 받게 됩니다.

예전에는 의학적인 판단에 의해 장애 분류가 이루어졌지만 최근에는 기능적인 측면을 고려해 분류하기도 해요. 패럴림픽에 나가는 선수는 해당 장애에 따라 크게 10가지 그룹으로 나뉩니다. 크게는 신체 결손, 시각 장애, 지적 장애로 나뉘고 신체 결손은 다시 8가지 유형으로 나뉩니다.

휠체어 럭비나 아이스슬레지하키와 같은 단체 경기도 있어요. 휠체어 럭비의 경우 선수들은 그들의 활동 제한에 따라 선

# 패럴림픽에서는 장애 유형을 어떻게 나눌까?

## 8가지 신체 결손 유형에 대한 개념적 정의

① **근력 결손** — 근육의 질환 또는 손상으로 인해 근육이 힘을 발휘하기 어려운 경우

② **수동 관절 가동 범위 제한** — 근육이나 관절 및 신경의 손상으로 인해 신체의 움직임 범위(유연성)가 떨어지는 경우

③ **사지 손실 및 손상** — 팔과 다리가 절단되거나 다른 이유로 인해 기능을 발휘하지 못하는 경우

④ **족부 기형** — 발 형태와 모양이 변형되어 일반적인 발의 모습과 다른 경우

⑤ **저신장** — 키가 일반적 연령 표준보다 작은 상태를 저신장(Short stature: 왜소증)이라고 한다

⑥ **고긴장** — 몸을 움직일 때 자신의 의도와 상관없이 지나치게 근육이 긴장되어 동작을 잘 할 수 없는 경우

⑦ **운동실조** — 근육들의 협응 능력이 낮아서 원하는 동작을 시작하기 어렵고 정확한 동작을 수행하지 못하는 경우

⑧ **불수의 운동** — 자신의 의지와는 상관없이 나타나는 움직임 패턴

▶한국체육대학 특수체육 전공 노형규 교수의 자문을 받아서 작성했습니다.

수 위치가 정해집니다. 낮은 점수는 높은 점수보다 좀 더 심각한 활동 제한을 뜻하는데 한 팀은 시합 중 전체 점수가 특정 점수 이상이 되어서는 안 된다는 규정이 있어요. 이는 골볼에서 안대를 쓰는 것처럼 동등한 경쟁 기회를 주려는 의도이지요. 예를 들면, 휠체어 럭비에서 5명 선수들의 장애 점수를 합쳤을 때 8을 넘어서는 안 됩니다.

반면 장애 등급에 따른 가산점이나 제한이 전혀 없는 유일한 단체 종목이 바로 슬레지하키예요. 현역 국가 대표 슬레지하키 선수로 활동하는 김주승은 척수 장애를 가지고 있습니다. 장애 유형 중에서도 다른 슬레지하키 선수에 비해 불리한 조건인데 럭비와는 달리 아무런 가산점이 없다는 것이 어려움이라고 합니다. 김주승은 우리나라의 대표적인 휠체어 럭비 선수이기도 합니다.

### 평행(Parallel) - 우리는 썰매를 탄다

슬레지하키 이야기를 좀 더 해 볼까요? 이 종목의 공식 이름은 파라아이스하키입니다. 슬레지sledge는 썰매를 뜻하는 말로, 하반신이 마비되거나 잘린 선수들이 썰매에 앉아 양손에 짧게 자른 스틱을 쥐고 얼음을 지치면서 경쟁하는 경기예요. 동계 올림픽의 꽃이 아이스하키라면 동계 패럴림픽의 꽃은 단연 파라아이스하키라고 할 수 있지요.

〈Parallel〉은 2014년 김경만 감독이 발표한 국가 대표 파라아이스하키 팀의 모습을 담은 다큐멘터리 영화의 제목이에요. 영어 제목이 패럴렐이고, 한국어 제목은 〈우리는 썰매를 탄다〉, 줄여서 〈우썰탄〉이었지요. 이 영화에 출연한 대부분의 선수들은 지금도 평창 동계 패럴림픽을 준비하는 현역 국가 대표들이에요.

등번호 14번인 정승환은 대한민국 국가 대표팀의 에이스입니다. 아이스링크의 메시라는 별명을 갖고 있지요.

영화 〈우리는 썰매를 탄다〉 포스터

다섯 살 때 사고로 한쪽 다리를 잃고는 섬마을에서 평범하게 자랐어요. 영화 속 어머님의 이야기에 따르면 다리를 자르는 수술을 한 뒤 의사 선생님께 다리 내놓으라며 악을 쓰고, 울부짖었다고 해요. 함께 자란 섬 친구들도 그가 다리가 불편하다는 걸 알고는 있었지만 그렇다고 대놓고 자신의 의족을 보여 주지는 못했다고 해요. 열아홉 살 때 처음 슬레지하키를 타던 날 다른 장애인 동료들에게조차 의족을 보여 줄 용기가 나지 않아 썰매에 의족을 신고 탔다고 합니다. 정승환은 현재 세상에서 가장 날렵한 파라아이스하키 공격수예요. 시합 전 밝은 표정

**훈련을 하고 있는 선수**

으로 몸을 들썩이는 그를 보면 마치 창공으로 날아오르기 전 들뜬 마음을 감추지 못하는 한 마리 솔개와 같다는 생각을 하고는 해요.

한국 팀의 최고 맏형은 디펜스를 맡고 있는 등번호 68번 주장 한민수예요. 1970년생이니, 현역 선수로 뛰기에는 나이가 든 편이지요. 늘 활짝 웃는 표정으로 넓은 어깨를 좌우로 흔들며 툭툭 농담을 던지는 그는 환상통이라는 남모를 고통에 괴로워합니다. 분명히 존재하지 않는 다리이지만 아픔이 선명하게 느껴지는 환상통이 찾아올 때는 대책이 별로 없어요. 그저 고개를 숙이고 이를 악문 채 버티는 거지요. 영화에서 두 딸의 아버지인 그는 딸의 운동회에 가서 응원하다가 부모와 함께 달리는 순서가 오자 슬쩍 자리를 뜹니다. 같이 뛰고 싶은 간절한 마음이 전해져 옵니다.

얼마 전 그가 외교부에서 평창 동계 올림픽을 홍보하는 강연을 했어요. 강연의 제목은 '다리 잃은 내가 다리$^{bridge}$가 되려는 이유'였어요. 한쪽 다리가 없지만 스포츠를 통해 많은 국제 경험을 했던 한민수는 이제 장애인과 비장애인을 연결하는 다리가 되겠다는 꿈을 이야기합니다.

〈우썰탄〉의 또 다른 주인공인 이종경은 앞서 휠체어 럭비를 한다는 김주승과 같은 척수 장애인입니다. 패러글라이딩을 너무 좋아해 빙글빙글 돌면서 내려오는 스피닝이라는 기술을 선보이다 그만 땅으로 추락했다고 해요. 결정적인 기회를 놓치지 않는 골 결정력으로 팬들에게 인기 높은 선수예요. 영화 마지막에 그는 자신을 하반신 마비로 만든 패러글라이딩에 다시 도전합니다. 사고 이후 처음 타는 패러글라이딩. 그의 마음은 다시 하늘을 날았다는 기쁨과 두려움을 극복했다는 성취감으로 가득차지요. 그는 영화 속 한 인터뷰에서 자신은 장애인과 비장인애인, 두 가지 삶을 살 수 있다는 점에서 오히려 감사하게 생각한다고 고백합니다.

국가 대표팀의 메인 골리인 유만균은 원래 야구 선수였어요. 의료 사고로 하반신이 마비되어 선수의 꿈을 접은 뒤 한동

안 세상과 담을 쌓고 살았어요. 한 손에 글러브를 끼고 민첩하게 퍽을 막아 내는 모습을 보면서 야구 선수였던 젊은 날의 모습이 떠오릅니다. 그의 목표는 국내 최고의 골리가 아니라 세계 최고의 골리입니다. 이미 잘하고 있는데 더 잘해 보려고 애쓰는 그를 보면서 존경심마저 생기지요.

대한민국 파라아이스하키 국가 대표팀의 이야기는 현재 진행형이에요. 그들이 함께 꾸는 목표는 평창 동계 패럴림픽 결승전에 오르는 것입니다. 그날이 오면 그들은 동계 패럴림픽의 꽃으로 피어나겠지요.

### 올인픽(All-!n-pics) - 모두가 함께하는 올림픽

올림픽은 메가 스포츠 이벤트입니다. '거대하게 키운다.'라는 의미의 '메가'와 '일시적으로 반짝하고 사라진다'는 뜻의 '이벤트' 사이에서 스포츠가 갇혀 있는 모습입니다. 올림픽 정신은 점점 약해지고 돈과 정치에 놀아나는 것처럼 보입니다. 경기력을 높이기 위해 약물을 쓰는 선수도 있습니다. 서두에 패럴림픽이야말로 진짜 올림픽이라고 설명했지요? 올림픽 정신은 패럴림픽을 통해 유지되고 실현됩니다. 소외된 인류의 고결한 반격을 통해 비장애인 올림픽에서 점점 잊혀지는 스포츠의 진정한 가치들이 회복되고 있어요.

모든 사람들이 인종과 성별, 그리고 신체적, 정신적 능력의 차이를 넘어 스포츠라고 하는 공평한 가치 아래 평화로운 겨루기를 하는 상상, 그야말로 올인All-in픽이 열리는 날이 오기를 기대합니다. 패럴림픽의 접두어 'para'에는 '~을 넘어'라는 뜻이 담겨 있다고 했지요? 패럴림픽이 멈추어 버린 올림픽의 가치를 넘어 스포츠의 가치를 되살리는 새로운 희망이 되리라 믿습니다.

글. 정용철(서강대학교 교육대학원 교수)

# 10장
# 올림픽으로 얼마나 벌 수 있을까?

올림픽과 경제

영화 〈해리포터 시리즈〉, 〈반지의 제왕〉, 〈아바타〉. 이 영화 모두 전 세계적으로 인기를 끌었던 판타지 영화이지요? 〈해리포터 시리즈〉는 미국의 워너브라더스 픽처스라는 영화사가 만들었는데, 2001년 〈해리포터와 마법사의 돌〉이라는 1편을 시작으로 2010년 마지막 8편 〈해리포터와 죽음의 성물〉까지 무려 10년 동안 만든 판타지 영화예요. 워너브라더스 픽처스는 1편부터 8편까지의 시리즈를 만들어 77억 2,000만 달러, 우리 돈으로 8조 7,600억 원이라는 엄청난 돈을 벌어들였습니다. 〈반지의 제왕〉을 3편짜리 시리즈로 만든 뉴라인 시네마도, 〈아바타〉를 제작한 라이트스톰 엔터테인먼트도 영화가 전 세계적인 인기를 모으며 많은 돈을 벌었지요. 그렇다면 올림픽을 통해서는 얼마를 벌어들일 수 있을까요?

### 올림픽은 2주 동안 개봉되는 영화?

올림픽도 4년마다 한 번씩 열리고 한 번 개최될 때마다 2주일 정도 열리니까 4년에 한 번, 2주 동안 개봉되는 영화라고 생각해 볼 수 있겠어요.

그럼 올림픽이라는 영화는 누가 만들까요? 바로 IOC가 만듭니다. 올림픽이라는 영화는 많은 인기를 누리는 만큼 〈해리포터 시리즈〉와는 비교할 수 없을 만큼 엄청난 돈을 벌어들이지요. 이렇게 많은 돈을 벌어들이는데 꼭 IOC만 올림픽이라는 영화를 만들 수 있을까요? 그렇지는 않아요. 누구라도 IOC와 비슷한 단체를 만들어서 올림픽과 같은 스포츠 이벤트를 개최할 수 있습니다. 그러나 워낙 많은 국가와 선수가 참여하다 보니 IOC가 아니면 만들기 힘든 영화이기도 하지요.

2017년을 기준으로 IOC에 가입한 나라는 모두 206개 국입니다. 실제로 IOC처럼 전 세계 국가들이 두루 참여하는 스포츠 조직을 새롭게 만들기는 어려운 일이에요. 또한 나라별로 국가 대표 선수들을 불러 모으기도 쉽지 않기 때문에 사실상 올림픽을 개최할 수 있는 곳은 IOC가 유일하다고 할 수 있어요. 기업에 비교한다면 IOC는 글로벌 독점 기업과 같다고 할 수 있어요. 그렇다면 IOC는 과연 어떻게 돈을 벌고 있는 걸까요?

### 올림픽 중계를 원하면 "돈을 내시오!"

영화를 보러 영화관에 갔을 때를 상상해 볼까요? 우선 영화 티켓을 사기 위해서는 돈을 내야 해요. 그 돈만 쓸까요? 영화가 시작할 때까지 기다리며 팝콘도 사 먹고 음료수도 사 마시지요? 주위를 둘러보면 영화관의 로비는 참 재미있는 공간이라는 걸 알 수 있을 거예요. 사람들이 많이 지나가는 곳엔 예쁜 가게도 자리 잡고 있을 거고요. 이곳에서는 갖고 싶은 팬시 상품들을 판매해요. 영화 속 주인공을 소재로 한 캐릭터 상품도 눈에 띄고요.

올림픽도 마찬가지예요. 올림픽은 각 나라를 대표하는 선수들이 모여 경기를 하는 것만을 의미하지는 않아요. 우선 지구촌 모든 사람들에게 경기 장면을 보여 주어야 되겠지요? 만약에 대한민국 축구 대표팀이 아르헨티나와 금메달을 놓고 결승전을 하는데 텔레비전에서 중계를 안 한다면 어떤 일이 벌어질까요? 상상하기 힘든 일이지요? 그래서 올림픽이 열리면 전 세계 모든 국가의 방송사에서 중계를 합니다. 그런데 아무 방송사나 중계 방송을 할 수 있는 건 아니에요. IOC에 중계권료를 내고 올림픽 중계를 할 수 있는 권리를 획득해야만 하지요. 바로 IOC는 이 중계권을 판매해 엄청난 수익을 올리고 있어요.

2008년 베이징 올림픽에서는 중계권 판매로 17억 3천만 달러 (2조 원)를 벌었고, 2010년 밴쿠버 동계 올림픽과 2012년 런던 올

림픽의 중계권료를 합친 금액은 38억 달러(4조 4천억 원)나 됩니다. 미국의 NBC 방송사는 2014년 소치 동계 올림픽과 2016년 리우 올림픽, 2018년 평창 동계 올림픽, 2020년 도쿄 올림픽을 미국 내에 독점 중계하는 대가로 43억 8,200만 달러(4조 7천억 원)을 내기도 했어요. 우리나라 방송사들은 2016년 리우 올림픽을 중계하기 위해 총 3,950만 달러(440억 원)을 냈는데, 약 2주 동안의 올림픽을 중계를 위해 KBS는 170억 원, MBC와 SBS가 각 130억 원의 중계권료를 쓴 셈이에요.

**올림픽과 중계 |** 전 세계의 방송사에서는 IOC에 돈을 내고 권리를 얻어야만 올림픽 중계를 할 수 있다.

    방송사들은 왜 이렇게 비싼 돈을 주고 올림픽을 중계하려고 할까요? 또 IOC는 어떻게 중계권을 이렇게까지 비싸게 팔 수 있을까요? 답은 간단합니다. 올림픽이 인기가 있기 때문이에요. 전 세계 사람들이 올림픽을 보고 싶어 하고 또 IOC도 올림픽을 재미있게 만들기 위해 끊임없이 노력을 해 왔기 때문에 높은 중계권료를 받고 팔 수가 있는 거지요.

    최초로 TV 중계가 이루어진 것은 1936년 베를린 올림픽 때의 일입니다. 하지만 당시에는 독일에서만 흑백 TV를 통해 올림픽을 볼 수 있었어요. 위성을 통해 전 세계가 올림픽을 볼 수 있었던 것은 1960년 로마 올림픽 때의 일이에요. 처음으로 위성 중계가 된 로마 올림픽의 중계권료가 117만 8천 달러였어요. 2012년 런던 올림픽 때까지 52년 동안 올림픽 중계권료가 무려 1,600배가 넘게 오른 거예요. 그만큼 올림픽이 엄청난 인기를 누리고 있다는 뜻이기도 해요. 2016년 IOC가 발표한 마케팅 보고서에 따르면 올림픽 5대 수입원은 방송 중계권, TOP 프로그램, 라이센싱 사업, 티켓 판매, 조직위원회의 자국 내 스폰서십입니다. 이 가운데 방송 중계권 판매가 전체 수입

**1936년의 베를린** | 나치는 올림픽 준비를 위해 거액의 투자를 아끼지 않았다. 사진은 베를린 올림픽 중 독일 관료가 올림픽 선수촌의 모형을 보고 설명하는 모습.

액의 50%를 차지하니까 방송 중계권료는 IOC의 가장 큰 수익원이라고 할 수 있어요.

### 욕심 많은 IOC, 상업화에 물든 올림픽

올림픽 초창기엔 지금처럼 IOC가 돈을 많이 벌지 못했고 세계적인 관심을 받지도 못했습니다. 올림픽 경기가 열리는 종목도 지금과는 많이 달랐고요. 당연히 IOC도 살림살이가 어려웠겠지요? 1972년 뮌헨 올림픽이 되어서야 IOC는 위원장에게 승용차를 따로 내줄 정도가 되었어요. 19세기에 열린 올림픽은 전쟁과 냉전으로 인해 여러 차례 위기를 겪었어요. 1980년 모스크바 올림픽은 당시 미국을 비롯한 서구 국가들이 참여하지 않음으로써 반쪽짜리 올림픽이 되었어요. 1984년 로스앤젤레스 올림픽은 이에 대한 보복으로 소련을 중심으로 한 동구 국가들이 보이콧*을 하기도 했고요. 당시에는 IOC도 상당히 어려웠답니다. 이렇게 가난했던 IOC가 어떻게 오늘날의 부자가 되었을까요?

1984년 로스앤젤레스 올림픽 이전까지는 올림픽에서 아마추어리즘이 강조되었어요. 아마추어리즘을 중요하게 여기니 돈과는 거리가 멀 수밖에 없었지요. 돈보다는 명예가 강조되었고, 올림픽을 이용해 돈을 번다는 것은 올림픽의 가치를 떨어뜨리는 행위라고 생각했어요. 그래서 프로 선수들의 올림픽 참

**보이콧**
어떤 일을 받아들이지 않고 공동으로 물리치는 일.

가도 금지시켰지요. 프로에서 활약하는 최고의 스타 선수들이 빠진 올림픽은 최고의 경기라고 할 수 없었어요. 전체적으로 IOC도 어렵고 올림픽도 위기를 맞았던 시기였지요. 그러다가 1980년 스페인 출신의 후안 안토니오 사마란치가 IOC 7대 위원장이 되면서 IOC가 다시 일어서게 됩니다. 사마란치 위원장은 프로 선수들에게 올림픽을 개방했어요. 그래서 1984년 로스앤젤레스 올림픽에서는 축구, 1988년 서울 올림픽에서는 테니스, 1992년 바르셀로나 올림픽에서는 농구에서 프로 선수들이 올림픽 무대에 등장했지요. 급기야 1992년 바르셀로나 올림픽에서는 NBA 슈퍼 스타들로 구성된 미국 농구 대표팀이 참가해 엄청난 화제를 모으기도 했어요. 우리가 지금 흔히 말하는 '드림팀'이라는 단어의 기원은 바로 1992년 바르셀로나 올림픽 미국 농구 대표팀에서 시작되었어요.

    사마란치 위원장은 또 중계권을 비싸게 팔기 위해 방송사끼리 경쟁을 시켰어요. 게다가 IOC 마케팅 프로그램인 TOP을 채택하면서 IOC의 살림살이를 크게 늘려 놓았습니다. 돈을 벌기 위해 더 많은 광고를 끌어들였고, IOC에게 돈을 낸 기업들의 권리를 보호하기 위해 올림픽을 철저히 상업화된 무대로 바꿔 놓게 된 것이지요.

### 올림픽 상업화의 후유증

2018년 평창 동계 올림픽은 우리나라에서 열리는 대회지만 삼성전자나 LG전자가 만든 TV가 공급되지 않아요. 올림픽 관련 시설의 모든 TV는 오직 파나소닉 제품으로만 채워지게 되지요. 반대로 2020년 도쿄 올림픽에서 쓰이는 스마트폰이나 태블릿 PC는 일본 제품이 아니라 삼성전자 제품만을 쓰게 되어 있어요. 삼성전자와 파나소닉이 각각 무선 통신과 영상·음향 분야의 월드 와이드 파트너이기 때문에 IOC가 파트너사 이외의 제품은 사용하지 못하도록 철저하게 관리하기 때문입니다. 뿐만 아니라 올림픽에 참가하는 선수들도 대회 기간 동안에는 오직 월드 와이드 파트너사의 제품만 써야 해요.

이렇게 올림픽이 철저히 돈을 벌기 위한 방향으로만 고민하다 보니 선수들에게도 많은 영향을 미쳤어요. 이제 더 이상 선수들도 개인의 명예나 국가의 명예를 위해 올림픽에 참가하지 않게 되었어요. 올림픽에서 메달을 따면 프로 팀으로 갔을 때 높은 연봉을 받을 수도 있고, 더 좋은 팀에 들어갈 수도 있고, 어쩌면 광고 모델로 데뷔해 큰돈을 벌 수도 있기 때문에 올림픽 참가의 목적 또한 돈에 초점이 맞춰진 것이지요.

오늘날의 올림픽은 엄청난 돈이 모이는 대형 스포츠 무대가 돼 버렸어요. IOC도, 방송사도, 선수도 돈을 벌겠다는 욕심을 버리지 못하다 보니, 올림픽의 규모가 지나치게 커지면서 개최 국가가 짊어져야 할 경제적인 부담은 물론 환경 파괴까지 일어나는 부작용이 발생하기도 해요. 뒤늦게나마 IOC도 올림픽 상업화에 따른 부작용을 깨닫고 환경 보호와 경제 부담을 최소화하기 위해 노력하고 있어요. 그리고 이 문제는 평창 동계 올림픽을 눈앞에 두고 있는 우리 모두가 함께 생각해 볼 올림픽의 숙제가 아닐까요?

글. 최동호(스포츠 평론가)

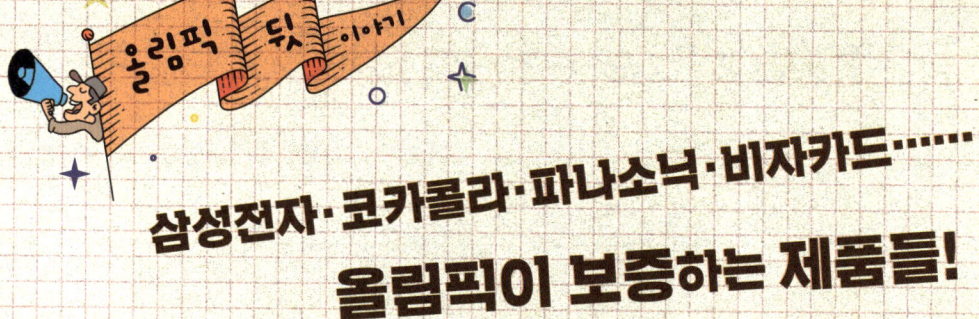

# 삼성전자·코카콜라·파나소닉·비자카드……
# 올림픽이 보증하는 제품들!

올림픽 육상 경기를 중계방송으로 볼 때 화면에 계기판이 있었을 거예요. 이 계기판에는 오메가Omega라는 기업 이름이 새겨져 있습니다. 오메가는 스위스 기업인 스왓치 그룹이 만드는 고급 시계 브랜드입니다. 올림픽의 모든 계측 장비는 스왓치 그룹의 오메가 브랜드 제품이 쓰여요. 또 올림픽의 모든 방송 장비는 일본 기업인 파나소닉 제품으로 채워지지요. 올림픽에서 제공되는 음료수는 오직 코카콜라뿐이란 것도 알고 있었나요? 또한 모든 올림픽 관계자들은 삼성전자가 만든 갤럭시 스마트폰과 태블릿 PC, 프린터를 사용합니다. 왜 그럴까요? 바로 이 기업이 IOC에 돈을 내고 올림픽에서 자신들의 제품만을 쓰게 할 수 있는 권리를 얻었기 때문이에요. 일정한 돈을 내고 광고하고 홍보할 수 있는 마케팅 권리를 획득하는 것을 '스폰서십Sponsorship'이라고 하는데, IOC는 1985년부터 'TOPThe Olympic Partners'라는 마케팅 프로그램을 만들어 스폰서십을 판매하고 있습니다.

TOP 스폰서십을 계약한 기업을 '월드 와이드 파트너'라고 해요. 월드 와이드 파트너는 4년 동안 전 세계 어느 곳에서든지 올림픽 로고를 사용해 광고를 할 수 있고 올림픽 기간 동안 TV 광고, 옥외 광고 등에서 우선권을 갖게 되는데요. IOC는 무선 통신, 컴퓨터, 정보 기술, 음료, 지불 결제, 생활 용품처럼 분야별로 월드 와이드 파트너를 선정해요. 그렇다면 월드 와이드 파트너 스폰서십의 가격은 얼마나 될까요?

**수호랑과 반다비** | 평창 동계 올림픽의 마스코트

리우 올림픽에서 월드 와이드 파트너 기업이 4년 동안 올림픽 마케팅 권리를 얻는 대가로 IOC에 지급한 돈은 1억 2천만 달러(1,360억 원)입니다. 11개 회사였으니까 IOC는 리우 올림픽에서만 월드 와이드 파트너 스폰서십 판매로 1조 4,960억 원을 벌어들였어요. 엄청난 금액이지요? 삼성전자는 1997년 처음 월드 와이드 파트너가 됐고, 2020년 도쿄 올림픽까지 23년 동안 월드 와이드 파트너를 계약했어요. 단순하게 계산해도 10조 원이 넘는 엄청난 금액을 올림픽 마케팅과 IOC 스폰서십에 투자한 거지요. 왜 그랬을까요? 이유는 자신들이 투자한 금액 이상의 홍보 효과, 브랜드 상승 효과를 누렸기 때문이에요. '인터브랜드'가 발

표한 자료에 따르면 삼성전자의 브랜드 가치는 1999년에는 31억 달러에 불과했어요. 하지만 2016년에는 518억 달러로 껑충 뛰었습니다. 전 세계 기업 중에서 삼성전자의 브랜드 가치는 7위를 차지해요. 물론 올림픽 마케팅과 월드 와이드 파트너 효과만으로 그렇게까지 상승했다고 볼 수는 없어요. 하지만 이것이 삼성전자의 글로벌 브랜드 가치를 상승시키는 데 도움을 준 것은 확실하지요. 이것이 올림픽이 갖고 있는 힘이기도 합니다.

월드 와이드 파트너 외에도 IOC는 다양한 스폰서십을 판매해 아주 큰 수익을 얻고 있습니다. 로컬 파트너Local Partners, 스폰서Sponsors, 상품권자Excutive Suppliers 프로그램을 운영하는데, 로컬 파트너는 월드 와이드 파트너와 경쟁하지 않는 분야의 기업을 대상으로 올림픽 개최국 안에서만 마케팅 권리를 인정합니다. 상품권자라는 말은 일정한 금액을 내고 올림픽 마스코트를 활용한 상품을 개발해 판매할 수 있는 권리를 얻은 기업을 말해요. 평창 동계 올림픽의 마스코트는 흰색 호랑이를 상징하는 '수호랑'과 반달곰을 상징하는 '반다비'입니다. 상품권자는 당연히 수호랑과 반다비가 들어간 열쇠고리나 볼펜, 모자 등 다양한 제품을 만들어 내겠지요?

# 11장
# 올림픽은 얼마나 많은 사람들이 볼까?

### 올림픽을 제대로 보는 눈

올림픽 때마다 '올림픽 폐인'이 등장합니다. '올림픽 폐인'은 밤새도록 올림픽 중계방송을 지켜보는 올림픽 마니아를 지칭하는 신조어이지요. 유럽이나 미국에서 올림픽이 열릴 땐 시차 때문에 주로 밤 시간대에 경기가 열리는 경우가 많아요. 2018년 평창 동계 올림픽과 2020년 도쿄 하계 올림픽은 시차는 없지만 오전부터 올림픽 중계방송에 매달려 하루 종일 시간을 보내다 보면 생활의 리듬을 잃게 되는 것은 마찬가지겠지요. 그러고 보면 '올림픽 폐인'은 시차 때문에 발생하는 문제는 아닌 것 같아요. 올림픽에 대한 관심, 올림픽 중계에 대한 과도한 몰입 때문에 '올림픽 폐인'이 만들어지는 것이겠지요. 그렇다면 실제로 얼마나 많은 사람들이 올림픽을 TV 중계로 지켜볼까요?

## 10가구 중 2가구가 시청한 리우 올림픽

시청률을 조사하는 회사인 '닐슨코리아'의 발표에 따르면 2016년 리우 올림픽에서 지상파 방송 3사의 시청률 합계가 30%를 넘긴 경기는 딱 두 개뿐이었어요. 바로 양궁 여자 개인전 16강전이 36.0%, 남자 축구 8강 중 한국과 온두라스전이 30.5%를 기록했지요. 시청률은 텔레비전 수상기를 설치한 전체 가구 중에서 해당 시간에 해당 프로그램을 시청한 가구 수를 나타냅니다.

시청률 36.0%라고 한다면 텔레비전 수상기를 설치한 우리나라 전체 가구 중에서 36.0%의 가구가 올림픽을 시청했다는 의미예요. 아마 텔레비전을 통해 중계되는 생방송을 시청하지 않고 스마트폰, 인터넷 등으로 올림픽을 본 사람들도 많이 있을 거예요. 또 하이라이트만 본 사람들도 있을 거고요. 당연히 스마트폰, 인터넷, 하이라이트 시청자들은 시청률에 포함되지 않아요. 그래서 실제로는 시청률보다 더 많은 사람들이 올림픽을 봤을 거예요. 올림픽을 볼 수 있는 매체가 다양해지다 보니 단순히 텔레비전 수상기로만 시청률을 조사하는 것은 정확하지 않다는 지적이 많이 있어요. 하지만 아직까지 해당 프로그램이 어느 정도의 인기를 얻고 있는지, 과거와 비교했을 때 본 사람이 많아졌는지 적어졌는지 등의 판단은 시청률을 통해 하는 경우가 많아요.

**올림픽과 시청률** | 리우 올림픽 평균 시청률은 20.1%였다. 우리나라 10가구 중에서 2가구가 올림픽을 보았다는 이야기이다.

닐슨코리아가 밝힌 자료에 따르면 지상파 3사의 시청률을 합한 2016년 리우 올림픽 평균 시청률은 20.1%, 2012년 런던 올림픽은 23.1%, 2008년 베이징 올림픽은 32.0%, 2004년 아테네 올림픽은 31.5%, 2000년 시드니 올림픽은 34.2%였어요.

자료를 보면 2012년 런던 올림픽 이후 평균 시청률이 20%대로 떨어져 올림픽에 대한 관심이 줄고 있음을 짐작할 수 있어요. 올림픽 시청률이 줄어드는 것은 우리나라만의 현상은 아니에요. 블룸버그가 집계한 자료를 보면 2016년 리우 올림픽의 미국 NBC 프라임타임 시청자 수도 2012년 런던 올림픽에 비하면 17%나 줄어들었어요.

리우 올림픽 평균 시청률인 20.1%는 우리나라 전체 10가구 중 2가구가 올림픽을 시청했다는 의미인데, 이 정도라면 얼마나 많은 사람이 본 걸까요?

2017년 7월 22일 지상파 방송3사 시청률 1위인 '무한도전'의 시청률은 전국 기준으로 12.1%였습니다. 그러니까 리우 올림픽은 '무한도전'보다 무려 8.0% 포인트나 높은 시청률을 기록했던 것이니 얼마나 많은 사람들이 올림픽을 본 것인지 짐작할 수 있겠지요?

### 올림픽을 보는 이유, '피는 물보다 진하다'

4년마다 한 번씩 주목을 받는 종목이 있습니다. 핸드볼, 양궁, 유도, 태권도, 배드민턴 등이 그렇지요. 흔히 말하는 비인기 종목들입니다. 평소에는 별 인기가 없는 종목인데 올림픽만 열리면 반짝 인기를 누리기도 하지요. 왜 그럴까요? 거기에는 두 가지 이유가 있어요. 첫째는 성적이 좋기 때문이에요. 이 종목들은 이전 올림픽에서 메달을 딴 일이 많으니 이번에도 메달을 따겠지 하는 기대감으로 지켜보는 거지요.

두 번째는 메달을 다투는 경쟁자가 다른 나라 선수이기 때문이에요. 즉 올림픽에서는 우리 모두가 하나가 돼 다른 나라와 경쟁하는 느낌을 강하게 받아요. 메달 순위가 매일 집계되니까 가까운 나라인 일본과 중국 등과 비교하면서 우리 선수들의 경기를 더욱 관심 있게 지켜봅니다. 하지만 열정적으로 소리치고 흥분하며 응원했어도 올림픽이 끝나면 핸드볼, 양궁, 유도, 배드민턴 같은 비인기 종목에 관심을 갖는 사람들은 거의 없어요.

올림픽만의 분위기, 올림픽만의 느낌이 있기 때문에 열광하는 것일 텐데, 그 분위기와 느낌이란 과연 무엇일까요? 그건 바로 스포츠를 관전한다기보다는 우리가 이겼다는 감동과 감정을 경험하고 싶은 욕망일 거예요. 이런 경우 스포츠는 승리감, 성취감과 같은 감정을 경험하기 위한 단순한 매개체에 불과하다고 할 수 있겠어요. 즉 경기보다는 그저 우리 선수들이 이기기를 바라는 마음으로 올림픽을 응원한다는 뜻이지요. 다른 말로 하면 민족주의, 국가주의라고 할 수 있어요. 민족주의는 다양한 관점과 시각으로 해석하고 정의할 수 있는데요. 보통은 민족을 단위로 하나의 국가를 만들어 외세의 간섭 없이 우리 민족끼리 번영을 누리자는 집단적인 신념이라고 할 수 있어요.

국가주의는 국가의 이익과 발전을 최고의 가치나 목표로 지향하는 사상인데요. 국가만이 개인의 안전과 행복을 보호할 수 있기 때문에 개인은 국가의 발전을 위해 희생하고 노력해야 된다는 생각입니다. 그렇다면 이것이 올림픽과 무슨 관계가 있는 걸까요? 앞서 얘기한 것처럼 별 관심이 없던 종목일지라도 한일전이 열리면, 또 금메달이 걸린 경기라면 관심을 갖고 지켜봅니다. 시상대에 선 우리 선수들의 모습, 태극기가 올라가는 모습을 보면 뿌듯한 마음이 들기도 하지요. 최선을 다하는 모습에 감동을 받지만 감동은 우리 선수와 나누는 교감일 뿐입니다. 상대 선수와는 상관이 없어요. 우리는 우리도 모르는 사이에 올림픽을 보면서 대한민국을 응원하는 마음으로 하나가 됩니다. 나도 모르게 애국심이 솟구친다고 할까요? 이 애국심을 쉽게 얘기하면 '피는 물보다 진하기 때문'이라고 할 수 있을 거예요.

### 나의 애국심을 자극하는 것은?

나도 모르게 애국심이 솟구친다고 했지만 사실은 내 마음 속의 애국심을 누군가가 자극하기도 합니다. 대표적으로 방송사와 언론사가 있어요. 방송사와 언론사는 어떻게 우리 마음속의 민족주의 감정, 애국심을 자극할까요?

예를 들면 '한국과 일본', '한국과 중국'의 선수들이 경기를

올림픽에서는 누군가 나의 애국심을 자극하기도 한다.

하는 것이 아니라 마치 국가와 국가, 민족과 민족이 전쟁을 치르는 듯한 분위기를 만드는 거지요. 이럴 때면 언제나 '전사', '설욕', '초토화', '격침', '대첩' 같은 자극적인 단어들이 등장합니다. 아나운서, 해설자들도 "일본을 무너뜨렸습니다.", "후지산이 무너집니다."라는 식의 민족 감정에 호소하는 말들을 쏟아 내기도 해요. '이기고 싶은 마음', 즉 투쟁심이 없다면 스포츠는 재미가 없어질지도 몰라요. 이기기 위해서, 또 우리 팀이 이기는 것을 보고 싶다는 마음이 있어야 응원을 해도 재미가 있지요.

그런데 민족주의, 국가주의가 강해지면 탈이 나기도 합니다. '이기고 싶다.'는 마음이 '반드시 우리가 이겨야 한다.'는 마음으로 변하기도 하니까요. 심할 때엔 우리가 졌을 경우 화

풀이할 대상을 찾기도 해요. 화풀이 대상은 상대 선수, 상대팀 응원단이 될 수도 있고 심지어 우리 선수 가운데 결정적인 실수를 저지른 선수를 딱 꼬집어 마녀사냥 하듯 비난을 퍼부을 때도 있어요.

 베이징 올림픽 개막을 앞둔 2008년 4월 27일 서울시내 한가운데서 엄청난 사건이 터졌습니다. 베이징 올림픽 성화 봉송 행사 도중 중국 국기인 오성홍기를 든 중국인들이 집단적으로 폭력을 휘두른 거예요. 이들은 서울시청 앞 광장에서 티베트 독립을 요구하는 시민단체 회원, 티베트인뿐만 아니라 한국인과 한국 경찰까지 무차별로 폭행했어요. "너희가 중국을 떠나

살 수 있느냐."며 폭언을 하고, "중국 만세, 힘내라 중국!"을 외치기도 했어요. 중국이 세계의 중심이라는 중화주의의 삐뚤어진 표출이라고 할 수 있겠지요. 2008년 베이징 올림픽 성화 봉송 행사는 이런 사건들로 인해 전 세계에서 환영받지 못한 행사로 기억되기도 했어요.

2016년 리우 올림픽 테니스 경기에서는 아르헨티나 관중과 브라질 관중 사이에 충돌이 일어나기도 했어요. 남미의 라이벌인 아르헨티나와 브라질의 자존심 대결이 올림픽에서 민족주의 감정으로 폭발한 거지요. 민족주의, 국가주의가 강하게 표출되면 이렇게 폭력으로 바뀌기 쉬워요. '우리 민족만이, 우리나라만이 최고!'라는 식의 무조건적인 애국심은 오히려 올림픽을 방해하는 행동이라는 것을 알 수 있겠지요?

### 올림픽에서 1위를 하면 행복한 나라가 될까?

2016년 리우 올림픽 메달 순위를 살펴볼까요? 금메달 수를 기준으로 미국이 1위고, 영국·중국·러시아가 2·3·4위, 대한민국은 8위였어요. 올림픽 메달 순위를 보면 어떤 생각이 드나요? '역시 강대국 순서'라는 생각이 드나요? 사람들은 올림픽 메달 순위를 보면서 쉽게 착각에 빠지기도 해요. 메달 순위를 마치 그 나라의 국력을 나타내는 성적이라고 받아들이기 때문이에요.

올림픽에서 미국과 중국, 러시아 같은 강대국들이 나라의 자존심을 걸고 메달 경쟁을 벌이는 것은 분명해요. 우리나라도 대한민국의 자존심을 걸고 메달 경쟁에 뛰어들어 늘 좋은 성적을 거두고 있지요. 하지만 강대국과 선진국은 차이가 있지요? 예를 들어 국민의 행복 체감 지수가 높은 선진국의 올림픽 순위를 한번 살펴볼까요? 리우 올림픽에서는 캐나다 20위, 스위스 24위, 스웨덴 29위, 노르웨이 74위, 오스트리아와 핀란드가 각각 78위입니다. 대한민국보다 한참 뒤떨어진 순위이지요? 북한이 34위인데 노르웨이, 오스트리아, 핀란드는 북한보다도 한참이나 순위가 뒤떨어집니다. 그런데 동계 올림픽을 보면 순위가 또 달라져요. 소치 동계 올림픽에선 노르웨이 2위, 캐나다 3위, 스위스 7위, 오스트리아 9위입니다. 이건 어쩌면 당연한 일일 수도 있어요.

노르웨이, 캐나다, 스위스, 오스트리아 등은 눈이 많이 오는 지역으로 동계 스포츠가 발달한 나라들이지요. 눈여겨볼 점은 노르웨이, 캐나다, 스위스, 오스트리아 같은 나라는 그들의 자연 환경에 알맞은 스포츠에서만 강세를 나타내고 있다는 거예요. 이들 나라는 그들이 즐길 수 있는 스포츠를 장려할 뿐, 일부러 하계 올림픽에서 성적을 높이고자 소수의 엘리트 선수들을

발굴해 집중적으로 키우지 않는다는 거예요. 왜 그럴까요?

이들은 '올림픽은 올림픽일 뿐'이라고 생각하기 때문이에요. 물론 올림픽에서 메달을 많이 따면 좋은 일입니다. 그러나 메달을 많이 따서 순위를 높이기 위해서는 많은 돈을 들여 선수를 키우고 경기장도 지어야 되는데요. 이것이 과연 실제 우리 삶에 어떤 영향을 미칠까도 생각해 볼 문제입니다. 올림픽이란 이런 거예요. 올림픽이 열리는 동안만 보고 즐기고 감동받을 뿐입니다. 잠깐 동안의 행복한 꿈처럼 스치고 지나가는 것이지요. 당연히 보는 사람들도 '올림픽은 올림픽일 뿐'이라는 분명한 인식을 갖고 올림픽을 바라볼 필요가 있는 것이고요.

올림픽은 분명 전 세계인의 축제이지요. 그러나 이 축제의 보이지 않는 곳에선 많은 위험이 숨어 있는 것도 사실이에요. 올림픽이 점점 커지면서 '올림픽의 저주'에 걸린 나라들이 많이 있어요. 그래서 올림픽에 반대하는 '안티 올림픽' 운동 또한 거세지고 있어요. IOC도 올림픽을 개혁하기 위해 '아젠다 2020'을 발표하기도 했어요.

세상의 모든 일에는 양면이 있어요. 올림픽도 마찬가지고요. 이처럼 올림픽은 수많은 이슈와 논쟁거리를 만들어 내기도 합니다. 올림픽을 제대로 알고 있다면 올림픽과 관련된 많은 논쟁거리에 대해서 정확한 판단을 내릴 수 있을 거예요. 올림픽과 올림픽을 둘러싼 문제 앞에서 현명한 시각을 갖는 것이 무엇보다 중요하겠지요?

글. 최동호(스포츠 평론가)

# 올림픽에 반대하는 사람들

2017년 9월 14일 IOC는 프랑스 파리와 미국의 로스앤젤레스를 동시에 올림픽 개최지로 발표했어요. 바로 2024년 올림픽과 2028년 올림픽 개최지를 함께 선정한 거였어요. 누가 먼저 2024년 올림픽을 개최할지는 파리와 로스앤젤레스가 합의해 결정하도록 했습니다. 여태까지 올림픽 개최지는 한 번에 하나씩만 결정해 왔으니 깜짝 놀랄 만한 결정이었지요. 여기엔 IOC의 고민이 숨어 있어요. 토마스 바흐 IOC 위원장은 "올림픽 개최의 안정성을 확보했다는 것은 획기적인 일"이라고 말했지만 이 말은 '올림픽을 개최하겠다는 도시들이 점점 줄어들고 있어 고민'이라는 속뜻을 갖고 있습니다. 올림픽을 개최하는 건 큰 영광인데 왜 올림픽을 개최하겠다는 도시들이 점점 줄어들까요? 그건 바로 올림픽이 너무 힘든 부담을 안겨 주기 때문입니다. 많은 돈을 벌 수 있다는 '경제 효과', 도시를 개발할 수 있다는 '도시 개발 효과' 등의 목적을 가지고 올림픽을 개최하지만 실제로 올림픽을 개최하고 보니 오히려 적자만 발생하고 또 올림픽이 끝난 뒤 올림픽 경기장을 유지하는 데에도 많은 돈이 들어가니까요. 그리스는 2004년 아테네 올림픽을 개최하며 160억 달러(17조 9천억 원)를 쏟아부었다가 재정 파탄을 겪었고, 브라질도 2016년 리우 올림픽을 개최하는 데 190억 달러(21조 7,000억 원)를 지출했다가 오히려 150억 달러(17조 원)의 빚을 지기도 했습니다. 1976년 올림픽을 개최한 몬트리올은 올림픽으로 인해 15억 달러(1조 7천억 원)를 빚을 졌다가 2006년에서야 이 빚을 다

갚았습니다. 올림픽 빚을 갚는 데만 30년이 걸린 거지요. '올림픽의 저주'에 걸린 많은 나라들을 보면서 사람들은 결국 '올림픽 반대 운동'에 나서게 됐습니다. 올림픽의 규모가 지나치게 커지면서 생긴 여러 가지 경제, 환경, 교통 문제 등을 '올림픽의 비대화'라고 하는데요.

캐나다 몬트리올에 있는 주경기장 | 캐나다는 몬트리올 올림픽을 개최하고 15억 달러의 빚을 지기도 했다.

2000년대 들면서 이 문제가 본격적으로 논의되기 시작했어요. 2000년 시드니 올림픽에서는 그린피스 등이 참가한 '시드니 올림픽 반대 연대'가 올림픽에 반대하는 '안티 올림픽 운동'을 벌였고요. 이후 2004년 아테네 올림픽에서도 '안티 올림픽 좌파 그룹' 등이 등장하면서 진행된 안티 올림픽 운동이 현재까지 이어지고 있어요. 2020년 도쿄 올림픽을 앞둔 일본에서도 안티 올림픽 운동이 진행되고 있고요.

IOC도 올림픽이 너무 커지며 생긴 문제들을 심각하게 고민하게 되었어요. IOC는 올림픽 비대화에 따른 문제점을 해결하기 위해 2014년 12월 올림픽 개혁안인 '아젠다 2020'을 발표했어요. 내용은 바로 개최지의 경제적 비용을 줄이자는 거예요. 기존엔 1개 국가, 1개 도시에서만 올림픽을 열었지만 아젠다 2020은 2개 이상의 국가, 2개 이상의 도시에서 올림픽을 공동으로 개최할 수 있게 했어요. 또 하계 올림픽에 참가하는 선수와 임원의 수를 10,500명, 동계 올림픽은 2,900명으로 제한했고, 새 경기장이 아닌 기존 경기장을 활용하는 것을 적극적으로 지원한다는 내용도 포함되어 있어요. 이렇게만 된다면 올림픽 개최 비용이 훨씬 줄어들겠지요?

# 12장
# 올림픽을 다룬 영화는 뭐가 있을까?

### 재미와 의미를 담은 스포츠 영화들

스포츠를 좋아하나요? 특히 올림픽을 호기심과 기대를 갖고 기다리고 있나요? 그렇다면 이를 영화를 통해서 먼저 느껴 보는 것은 어떨까요? 스포츠를 소재로 한 영화, 더욱이 올림픽이라는 대회에 출전하는 선수들을 소재로 한 영화라면 재미와 의미, 둘 다 얻을 수 있지 않을까요? 이제 몇 편의 영화를 소개할까 합니다. 이 영화 중에는, 여러분들이 흥미 있게 볼 수 있는 영화도 있지만 내용이 조금 어려운 것도 있어요. 그렇기는 해도 부모님이나 코치 선생님과 함께 본다면 얼마든지 이해하고 감동하면서 볼 수 있는 영화를 골랐습니다.

자, 그럼, 먼저 재미와 감동을 동시에 느낄 수 있는 영화부터 시작해 볼까요?

## 자메이카 선수들의 좌충우돌 동계 올림픽 출전기, <쿨 러닝>

시원하게 달려 볼까요? 영화 <쿨 러닝>은 1993년에 개봉된 영화니까 여러분이 태어나기도 전에 만들어진 영화인데요. 아마 지금 봐도 깔깔 웃으면서, 스포츠 영화가 주는 감동이 어떤 것인지 잘 느끼면서 볼 수 있을 거예요.

우사인 볼트, 잘 아시죠? '번개 사나이'로 불리는 선수예요. 올림픽은 물론 세계육상선수권대회 등 각종 국제 대회에서 세계 신기록과 금메달을 수없이 많이 딴 육상 선수이지요. 그가 태어난 나라는 미국 아래쪽에 있는 자메이카입니다.

세계 육상은 미국, 자메이카, 케냐 등이 휩쓸고 있는데 그 중에서도 단거리는 남녀 모두 자메이카가 앞서고 있어요. 자메이카는 육상 유망주들의 경쟁이 뜨거운 나라예요. 잘 뛰면 '인생 역전'이 가능하기 때문이지요. 자메이카는 오랜 세월 영국의 식민지였고 노예 무역의 중심지이기도 했어요. 마약 밀매, 돈 세탁, 빈곤 등이 자메이카가 풀어야 할 큰 숙제입니다. 그럼에도 자메이카 사람들의 자유를 향한 원초적인 에너지는 계속 이어져 왔어요.

이 나라의 많은 젊은이들은 올림픽 출전의 꿈을 꿉니다. 우사인 볼트처럼 육상이 아닌 바로 봅슬레이에서 말이지요. 펑펑 내리는 눈을 본 적도

영화 <쿨 러닝> 포스터 | 자메이카 선수들의 동계 올림픽 출전기를 다뤘다.

없는 선수들이 눈덮인 산 위에서 질주하며 내려오는 봅슬레이를 가지고 동계 올림픽에 도전하는 이야기가 바로 영화 〈쿨 러닝〉입니다.

영화는 실제로 1988년 캐나다 캘거리 동계 올림픽에 참가한 자메이카 봅슬레이 팀을 모델로 만들었어요. 100m 선수인 데리스 배녹 등 자메이카 선수들은 육상 예선에서 탈락을 했어요. 1988년 서울 올림픽에 출전할 수 없게 된 거지요. 그런데 우연히 단거리 선수가 동계 올림픽 봅슬레이 종목에 강하다는 사실을 알고는 육상 대신 봅슬레이에 도전하게 됩니다.

열대 지방 선수들이 봅슬레이 종목에 도전한다는 것 자체가 흥미롭지 않나요? 봅슬레이를 본 적도 없는 선수들이 좌충우돌하면서 결국은 동계 올림픽에 나가지요. 그런데 봅슬레이가 없으니 장난감 같은 모형 자동차에서 바퀴를 빼고 거기에 쇠줄을 달아 연습을 해요. 봅슬레이 비슷한 것을 만들기도 해요. 그런데 얼음이 있어야 달리는 연습이라도 해 볼 텐데 자메이카는 일정한 거리를 달릴 만한 얼음 자체가 없는 나라이지요. 그럼에도 이리저리 부딪히며 연습해서는 눈의 나라 캐나다로 가서 세계인의 주목을 받으며 봅슬레이를 타고 달립니다. 그들이 달리면서 외치는 대사가 바로 이 영화의 제목입니다. "쿨~~ 러닝!"

그러나 레이스 도중에 봅슬레이 썰매가 뒤집어지고 맙니

다. 그래서 어떻게 되었을까요? 그들의 목
표는 금메달이 아니었어요. 오
직 출전하겠다는 것, 모두
가 조롱하고 말리는데
도 꿈을 포기하지 않고
올림픽에 참가하겠다는
열정, 그것이 진정한 목
표였지요. 그래서 그들
은 일어납니다. 자신들의
분신과도 같은 봅슬레이 썰
매를 어깨에 메고 뚜벅뚜벅
걸어가지요.

### 모든 이의 생애 최고의 순간을 위하여, <우리 생애 최고의 순간>

다음에 소개할 영화는 <우리 생애 최고의 순간>입니다.

이 영화는 2004년 아테네 올림픽에서 세계 최고의 명승부를 펼쳤던 우리나라 여자 핸드볼 선수들의 실제 이야기를 소재로 하고 있어요. 한국 여자 핸드볼 대표팀은 1988년 서울 올림픽에서 한국 구기 종목 사상 처음으로 금메달을 땄어요. 그리고 1992년 바르셀로나 올림픽에서도 우승을 했고요. 비인기 종목이라는 힘겨운 조건 속에서도 굴하지 않고 1996년 애틀랜타 올림픽과 2004년 아테네 올림픽에서도 은메달을 거머쥐었지요. 임순례 감독이 만든 이 영화는 바로 이들의 눈물겨운 이야기를 다루고 있어요.

비인기 종목이지만 올림픽이 열렸다 하면 어김없이 대한민국 스포츠의 새로운 시대를 열어 온 여자 핸드볼 팀. 그 간판 선수로 올림픽 2연패의 주인공이었던 선수가 등장해요. 안타깝게도 이 선수의 소속팀은 해체되어 인생 전부를 걸었던 핸드볼을 그만두고 대형 마트에서 일하며 힘겹게 살아가지요. 이 선수뿐만 아니라 올림픽 2연패를 이뤘던 대다수 선수들이 결혼과 출산, 생계, 팀 해체 등의 이유로 핸드볼과 멀어지게 되어요.

이때, 다가오는 아테네 올림픽을 앞두고 일본 프로 핸드볼 팀을 지도하던 여성 지도자가 국가 대표팀의 감독 대행을 맡아 귀국하게 됩니다. 그녀는 한때 영광스러운 추억을 함께 나눈 선수들을 두루 만나 보지만, 대부분 어려운 여건에서 힘겹게 복귀할 수 있을 뿐, 예전처럼 강력한 팀이 되기에는 부족했어요. 이에 감독은 독선적으로 팀을 지도해 보지만, 노장 선수들은 노장대로 불만이고 젊은 선수들은 아예 마음의 문을 닫아 버리고 말지요.

이에 핸드볼 협회 위원장은 이 모든 갈등이 여자 감독 대행 때문이라고 단정하고, 그녀를 물러나게 해요. 대신 세계적인 스타 플레이어 출신의 남성 감독이 새로 부임하게 되지요.

이 영화는 감동적인 '스포츠 영화'이지만 다른 한 편으로는 '여성 영화'이기도 합니다. 여성이 처한 현실과 그 현실에 작용하는 복잡한 요소들을 통해 여성으로 산다는 것, 그리고 여성의 눈으로 세상을 보는 영화라고 할 수 있어요.

스포츠 하면 대부분 강한 힘이나 성취감 같은 것을 떠올리고는 하지요. 스포츠와 올림픽의 세계는 남성 또는 남성적 힘의 세계가 지배하고 있어요. 이런 점에서 〈우리 생애 최고의 순간〉은, 무엇보다 스포츠와 경쟁의 세계를, 여성의 관점에서 다루고 있다는 점에서 꼭 한번 볼 만한 영화입니다.

영화 〈우리 생애 최고의 순간〉 포스터 | 스포츠의 세계를 여성의 눈으로 보게 해 주는 영화이다.

## 실존 인물의 이야기, 〈불의 전차〉

스코틀랜드를 대표하는 육상 선수였다가 훗날 선교사로 활동한 실존 인물 에릭 리델과 해럴드 에이브럼스의 이야기를 다룬 〈불의 전차〉를 소개할게요.

유대인 고리대금업자의 아들로 명문 케임브리지 대학에 입학한 해럴드는 파리 올림픽의 영국 육상 대표 선수로 선발되어요. 그는 올림픽에 나가 큰 성적을 거둠으로써 유대인에 대한 차별과 편견에 저항하고자 하지요. 한편 스코틀랜드 출신의 선교사인 리델도 뛰어난 실력으로 영국 대표 선수에 합류하게 됩

영화 <불의 전차> 포스터 | 실존 인물인 에릭 리델과 해럴드 에이브럼스의 이야기를 다룬 영화로 유명하다.

니다. 두 사람은 파리 올림픽에 출전하게 되어요. 그런데 리델은 안식일을 지켜야 한다는 율법에 따라 일요일에 열리는 경기를 포기하고 말지요. 이에 해럴드는 100m 경기에 출전하여 큰 성과를 거두게 되고, 리델은 동료 선수들의 도움으로 평일에 열리는 400m 경기에 출전합니다.

1982년 54회 아카데미 시상식에서 작품상 등 여러 상을 받았는데, 특히 두 선수와 여러 선수들이 달리기 훈련을 할 때 흐르는 배경 음악은 올림픽을 상징하는 음악으로 널리 사랑받고 있답니다.

국내 영화로는 2009년에 나온 <국가 대표>가 특히 기억에 남아요. 당시만 해도 동계 올림픽은 생소했고 특히 스키 점프는 유럽 선수들이나 하는 경기로 생각되었어요. 등록 선수 겨우 7명, 그중에서 4명이 국가 대표인 우리나라의 힘든 상황에서도 올림픽을 향해 도전하는 이야기예요. 가난한 선수들, 아르바이트로 고생하면서도 밤에는 스키 점프를 연습하는 선수들, 그들과 함께하는 지도자. 참으로 눈물겹지만 동시에 꿈을 잃지 않는 사람들이 주는 감동이 있어요.

스키 점프 하면 생각나는 영화로 <독수리 에디>도 있습니다. 에디 에드워즈는 막노동을 하면서도 스키 점프로 올림픽에 나가려는 영국 선수예요. 실제로 1988년에 영국 스키 점프 국

12장 올림픽을 다룬 영화는 뭐가 있을까? — 재미와 의미를 담은 스포츠 영화들

가 대표로 출전하게 되는데, 실력은 조금 부족했어요. 그래도 우연히 만난 비운의 코치와 함께 역경을 하나씩 헤쳐 나갑니다. 이 과정이 참 감동적으로 그려지지요.

### 어느 아이의 성장기 〈슈팅 라이크 베컴〉, 〈천하장사 마돈나〉

올림픽을 다루지는 않지만, 스포츠 자체가 가진 묵직한 감동과 의미를 다룬 영화도 많지요. 그중에서 〈슈팅 라이크 베컴〉 그리고 〈천하장사 마돈나〉를 잠깐 소개할게요.

〈슈팅 라이크 베컴〉은 축구 선수가 되고 싶은 소녀가 주인공으로 나오지요. 인도계 영국 감독 거린다 차다가 각본과 연출을 했고 역시 인도계인 파민더 나그라가 주인공을 맡았어요.

원제는 'Bend It Like Beckham', 즉 '베컴처럼 멋지게 휘는 프리킥'을 뜻하는데, 영화를 보면, 바로 그렇게 아름답게 살아가고자 하는 소녀들의 꿈을 이야기합니다. 영화에는 동네 축구에서 웬만한 남자아이들은 가볍게 제치는 18세 소녀인 제스가 나와요. 제스는 동네 축구를 이미 평정한 실력파지만, 유일한 한계가 바로 여자라는 점이지요. 그때만 해도 축구 선진국 잉글랜드에서조차 여자가 축구를 한다는 것, 그리고 직업 선수로 성장한다는 것은 쉽지 않은 일이었지요.

제스는 우연히 여자 축구단 '해리어' 팀의 주전 선수 줄스의 눈에 띄어요. 이후 영화는 관객의 기대대로 진행됩니다. 여자답게 살 것을 요구하는 부모들의 반대에도 불구하고 두 소녀는 여자 프로 축구의 성지인 미국으로 진출해요.

마지막으로 소개하는 〈천하장사 마돈나〉에는 여자가 되고 싶은 소년 오동구가 나와요. 동구는 미국의 여성 팝가수인 마돈나처럼 되고 싶어 하는 남자아이예요. 이 소년은 성전환 수술비를 마련하기 위해 큰 상금이 걸린 씨름 대회에 나가요. 씨름은 배운 적도 없고, 남자들과 몸을 맞대는 것을 끔찍하게 여겨요. 자신의 성 정체성대로 마돈나가 되기 위해, 남자들이 살을 맞댄 채 힘과 기술을 겨루는 씨름 대회에 나가 천하장사가 되어야 하는 동구.

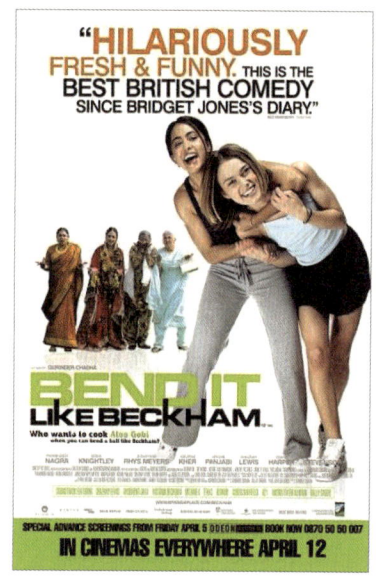

영화 〈슈팅 라이크 베컴〉 포스터 | 아름답게 살아가고자 하는 소녀들의 꿈을 보여 준다.

어쩌면 심각해 보이는 이야기지요? 소년 오동구로서는, 여자가 되는 수술을 받기 위해 남자들과 씨름을 해야 한다는 것 자체가 힘든 일일 거예요. 그렇지만 영화는 한순간도 쉬지 않고 웃음이 터지게 만듭니다. 웃긴 영화만은 아니에요. 의외로 생각할 게 많은 영화입니다. 계속 웃음 짓게 하면서도 속으로는 깊게 생각하게 만드는 영화, 스포츠를 소재로 한 국내 영화로 꼭 봤으면 하는 영화입니다.

글. 정윤수(문화 평론가)

# 13장
## 올림픽은 누가 만들까?

### 올림픽은 몸으로 쓰는 땀의 이야기

올림픽은 '몸으로 쓰는 땀의 이야기'라고 할 수 있습니다. 그렇다면 누가 이 이야기의 주인공이라고 할 수 있을까요? 바로 국가 대표로 참가한 선수들이라고 할 수 있겠지요. 하지만 올림픽이라는 거대한 이야기를 만드는 사람들 중에는 선수만 있는 것은 아니에요. 가만히 살펴보면 선수들을 빛나게 하는 많은 이들이 있어요. 또한 올림픽을 준비하다가 결국 예선전에서 탈락의 고배를 마시는 선수들도 있지요. 사람들은 메달을 따는 선수들에게만 환호를 보내지만, 올림픽에 나가기 위해 몇 년을 애쓴 선수들의 노력도 잊지 않으면 좋겠어요. 이번 장에서는 올림픽의 이야기를 만들어가는 다양한 사람들에 대해 살펴볼게요.

### 올림픽을 만드는 사람들

성화 점화와 오륜기가 게양되는 개막식이 끝나면 올림픽 참가 선수들은 종목별로 경기장에서 열전에 뛰어들어요. 국가 대표로 선발된 선수들은 선수들대로, 감독과 코치 임원들 및 부문별 스태프들은 자신들이 긴 시간을 준비한 경기에서 높은 성적을 거두기 위해 애씁니다. 매 경기마다 그야말로 죽을힘을 다해 임하게 되지요.

종목별로 차이가 있기는 하지만 대부분의 선수들은 하루에도 몇 번씩 심장이 폭발할 것만 같은 혹독한 훈련 과정을 거쳐야 했을 거예요. 경기에 들어가면 모든 순간이 예술로 승화되기도 하고, 환호와 탄식이 물결치기도 합니다. 참가자들은 천국과 지옥을 오가듯 경기에 몰입하지만 이내 승부가 갈립니다. 메달 색깔이 정해지고, 영웅들이 탄생하지요.

지금까지 우리들은 대개 메달을 딴 선수들, 스포츠 영웅들의 이야기만을 많이 해 왔어요. 그들뿐만 아니라 선수 한 사람 한 사람은 몸으로 땀의 이야기를 써 온 주인공이라고 할 수 있겠어요. 온갖 고난과 역경을 딛고 시상대에 오른 선수들이나 전패를 하고 폐막식 전에 보따리를 싸 고국으로 돌아간 선수들까지 모두 말이지요.

그러나 올림픽처럼 큰 대회에 참가하는 선수들은 결코 혼자만의 힘으로 그 이야기를 쓸 수는 없습니다. 그 선수들을 믿

고 지지해 준 가족, 친구, 지도자와 감독이 뒤에 있을 거예요. 우리나라의 경우 전 국민이 마음을 모아 응원을 하고 성원을 보냅니다. 대개의 경우 올림픽에 참가하는 '국가 대표' 한 사람을 만들어 내는 데 엄청난 돈을 투자하지요. 모두가 국민의 세금으로 말이에요.

그렇게 올림픽에 참가한 선수들은 실제로 다른 이들에 비해 커다란 행운을 누린다고도 할 수 있어요. 올림픽이나 세계적인 큰 대회에 참가하기 위해 힘들게 운동을 했지만 국가 대표가 되지 못하고 눈물 흘린 선수들이 더 많다는 것을 한 번쯤은 생각해 봐도 좋겠어요. 올림픽 종목으로 채택되어도 지역 예선에서 탈락해 올림픽 참가 자격을 얻지 못하고 좌절하는 국가 대표들도 많이 있거든요.

올림픽에 참가하여 훌륭한 경기를 치른 선수들이 올림픽의 주인공이라면, 그들을 빛나게 하는 데 얼마나 많은 이들이 있는지 생각해 볼까요? 올림픽을 만들어 내는 사람들은 셀 수 없이 많이 있어요. 종목별 올림픽 경기장을 짓기 위해 몇 년씩 땀을 흘린 건설 노동자들, 경기장과 인근을 깨끗하게 만드는 청소 노동자들, 경기장과 시설을 관리하거나 종목별로 경기를 운영하는 스포츠 노동자들. 개·폐막식과 문화 행사를 만들어 낸 셀 수 없이 많은 예술인과 자원봉사자, 그리고 정작 올림픽에서 소외되는 개최 도시의 시민들도 있지요.

**프레스센터**
어떤 기획이나 사건이 있을 때 취재와 보도에 편리하도록 마련한 기자 전용의 건물이나 방.

대규모 프레스센터*를 만들고, 경기 장면을 영상으로 담아 전 세계인들에게 보여 주고 기록을 남기는 기자와 미디어 관련 종사자, 선수들의 부상과 관중의 안전사고를 대비하는 의료진, 경찰, 소방관도 있습니다. 또한 올림픽 선수촌에는 각국의 특성에 따라 최고의 음식을 만들어 내는 요리사들과 편안한 잠자리를 돌보는 호텔 종사자들이 있습니다. 이렇게 올림픽을 빛내기 위해서 많은 이들이 흘린 땀방울 하나하나를 기억할 수 있어야 합니다.

### 스포츠와 문학, 몸으로 쓰는 땀의 이야기

올림픽과 같은 세계적인 스포츠 경기에서는 승패를 떠나 감동스러운 장면을 마주하게 됩니다. 그것을 보면서 사람들은 '몸으로 쓰는 땀의 이야기'라고 하지요. 예컨대 김연아 선수의 경기는 많은 이야기를 낳지요. 아사다 마오와의 라이벌 관계라든지, 소치 올림픽에서의 편파 판정 의혹 같은 것들 말이지요. 그러나 그런 이야기보다는 김연아 선수의 훌륭한 연기와 경기 장면 자체에서 더 큰 감동을 받습니다. 말하자면 김연아 선수는 연기 동작 하나하나로 '땀의 이야기'를 써 내려간 거예요.

훌륭한 기량과 감탄스러운 승부를 겨루는 선수들만이 '몸으로 땀의 이야기'를 쓰는 것은 아니에요. 사람들은 저마다 다양한 스포츠 활동을 통해 즐거움과 기쁨을 느끼고 자신의 삶을

더 사랑하게 되지요. 그러므로 남녀노소 가릴 것 없이 스포츠 활동에 직접 참여해 땀을 흘리고 나면 스스로 뿌듯함을 느끼기도 합니다. 그렇게 스포츠는 행위 자체만으로도 몸으로 쓰는 땀의 이야기가 될 수 있어요.

저는 문학 작품을 좋아하는 사람으로서 스포츠와 문학의 공통점에 대해 생각해 보았어요.

문학을 이야기할 때 먼저 생각할 것은 '상상력'이 아닐까요? '상상'한다는 것은 다른 말로 하면 '꿈과 희망'이라고 할 수 있어요. 인간은 누구나 꿈과 희망을 품고 살아가기 마련이지요.

그리고 많은 이들이 이야기하지만 올림픽과 스포츠는 인간에게 꿈과 희망을 주는 것이라고 믿고 있답니다. 올림픽이나 스포츠가 인류에게 꿈과 희망을 주고 그것을 상상하게 한다는 면에서 문학과 큰 연결 고리를 갖고 있다는 것을 알 수 있을 거예요.

두 번째는 '예술'적인 공통점도 있어요. 올림픽이나 스포츠를 즐기는 많은 사람들은 '스포츠는 순간의 예술'이라고 말하지요? 육상 단거리 경기에서 100분의 몇 초 단위로 순위가 결정되는 순간이나, 펜싱 경기에서 0.15초 차이로 상대 선수를 먼저 찌르는 것이 판가름 나는 순간, 김연아 선수가 밴쿠버 올림픽 당시 쇼트 프로그램에서 '제임스 본드 메들리'를 배경 음악으로 연기한 모든 동작이 예술이었다는 것에 모두가 동의하는 것과 같은 것이지요. 올림픽이나 각각의 스포츠 종목들은 인간의 상상력을 자극하고 예술적인 감각을 일깨우는 지극히 문학적인 소재라고 할 수 있어요.

또한 인간은 스포츠라는 것을 만들어 내고 즐길 줄도 알지만 다른 자연적인 존재들과 마찬가지로 생로병사를 겪으며 한 생애를 만들어 가는 존재이기도 해요. 그리고 한 인간의 삶 속에는 기쁨·노여움·애정·즐거움·슬픔·미움·욕망과 같은 감정들이 물결치기 마련입니다. 야구 경기를 흔히 인생에 비유하는 것과 같은 이치지요. 어쨌든 올림픽이나 스포츠의 많은 장면에서 사람들이 감동을 느끼는 것을 보면 스포츠와 문학, 다시 말해 스포츠와 예술이 서로 연결되어 있다는 것을 알 수 있답니다.

스포츠를 사랑한다면 스포츠와 관련된 문학 작품이나 전문 서적들을 읽어 보세요. 이를테면 농구를 좋아하는 친구는 농구와 관련된 만화책이나 유명 농구 선수의 자서전 같은 것을 읽으면 농구에 대해 잘 알게 되고 농구를 더 사랑할 수 있을 거예요.

다시 처음으로 돌아와 '몸으로 쓰는 땀의 이야기'의 실제 주인공은 누구일까요? 예상하셨겠지만 올림픽이나 스포츠를 사랑하는 이들 모두가 주인공이 될 수 있답니다. 아니 올림픽이나 스포츠를 싫어하는 이들도 함께 주인공이 되어야 마땅하겠지요? 그렇게 '몸으로 쓰는 땀의 이야기'의 주인공들은 이 글을 읽는 여러분들과 같은, 우리가 살고 있는 지구 행성의 모든 시민들이 주인공이 될 수 있어요. 그러니까 올림픽은 우리 모두가 함께 만들어 간다고 할 수 있답니다.

글. 김재룡(화천고등학교 교사)

# 14장
# 스포츠를 왜 과학이라고 말할까?

## 올림픽 속에 숨은 과학

흔히 스포츠는 과학이라고 해요. 경기에서 이기는 경우를 분석하면 과학적 이유가 숨어 있기 때문이에요. 거꾸로 과학의 정보와 지식을 이용하면 이전에 사용하지 않았던 방식을 통해 선수가 이기도록 도울 수 있어요. 한마디로 말해 스포츠가 과학을 자극하고, 과학이 경기력을 높일 수 있다는 것이지요.

종종 스포츠는 인간 능력의 극한 수준을 보게 해 줍니다. 10초 벽을 깨는 100m 달리기와 10m 다이빙에서의 회전, 높이뛰기의 기술들은 보통 사람이 하기 힘든 기술이지요. 과학은 여기에서 새로운 지식과 기술을 배웁니다. 동시에 신발과 장비들은 선수들의 기량을 더욱 높여 줍니다. 올림픽을 통해 발전한 과학 기술 영역을 지금부터 알아볼게요.

### 선수는 과학이 증명한다

흔히 올림픽에 나가는 세계적인 선수들은 훈련으로 길러진 선수가 아니고 선천적으로 태어난 선수라고 말하곤 하지요. 물론 태어나면서부터 엄청난 기량을 가지고 있어서 전혀 훈련하지 않고도 세계적인 선수가 되는 것은 아니에요. 다만 태어나면서부터 유전적으로 특정한 기량을 발휘하는 데 우월할 수 있다는 거지요. 그리고 훈련을 통해 그 잠재적인 기량이 다른 선수들에 비해 더 우수하게 발달될 수 있다는 말이에요. 이런 선수들은 이미 출발선이 다른 사람들에 비해 앞에 그어져 있다고 할 수 있겠지요? 예를 들어 힘이 좋다거나 몸이 아주 날쌔거나, 지치지 않는 지구력 같은 것은 대부분 부모로부터 물려받는 타고난 기량을 바탕으로 합니다.

그렇다면 우리는 어떤 선수가 미래에 대단한 선수가 될 수 있을 거라 예측할 수 있을까요? 엄밀하게 말하면 완벽하게 예측할 수는 없어요. 경기에서 승부를 가르는 일은 아주 많은 요인에 의해 결정되니까요. 힘만 좋다고, 빠르기만 하다고, 지구력이 좋다고 해서 좋은 성적을 낼 수 있는 문제가 아니니까요. 경기에서 이긴다는 것은 개인의 기량과 체력을 바탕으로, 경기 운영의 전략과 전술, 선수의 심리적 상태, 경기 당시의 주위 환경과 조건들, 그리고 약간의 운까지 포함되어 결정된다고 할 수 있어요. 여기에 기록 경기냐, 기술 경기냐, 아니면 승부 경기냐에 따라 달라질 수도 있어요. 또한 개인 경기인지 단체 경기인지에 따라서 달라지기도 해요.

그러나 최소한 신체적인 면에서 과학은 선수가 어떤 종목에 더 유리할지 예측할 수 있는 방법을 제시하지요. 예를 들어 특정한 근육이 힘을 더 잘 쓴다거나 반대로 지구력이 강하다는 것을 구분해 주어요. 힘을 잘 쓰는 근육을 가진 사람은 상대적으로 지구력이 약하지만, 거꾸로 지구력이 좋은 근육을 가진 사람은 큰 힘을 발휘하는 능력을 가지고 있지 않아요. 그래서 힘을 잘 쓰는 근육을 가진 사람은 역도 같은 운동에 알맞고, 지구력에 강한 근육을 가진 사람은 마라톤과 같은 운동에 알맞은 것이지요. 그리고 이러한 종목의 선택은 어떠한 근육을 가지고 태어났는가에 따라 달라질 수 있다는 거예요. 힘쓰는 근육을 가지고 태어났다면 마라톤은 전혀 어울리지 않는 선택이겠지요? 장미란 선수는 힘쓰는 근육을 많이 가진 반면, 이봉주 선수는 지구력이 아주 뛰어난 근육을 이미 가지고 태어났고, 그 특별한 능력을 잘 훈련시켜서 세계적인 선수가 되었어요. 장미란 선수는 절대 마라톤을 뛸 수 있는 선수가 아니고, 이봉주 선수는 절대 역도를 할 선수가 아닌 것이지요.

근육 말고도 체격에 따라서도 그에 알맞은 종목이 정해집니다. 동시에 특정한 종목의 훈련은 그 선수의 체격을 그 종목에 맞도록 바꿔 주기도 합니다. 주로 중장거리 육상 선수를 포

함해 마라톤처럼 오랜 시간 달리는 선수들은 마르고 길쭉한 체형을 가졌어요. 그에 반해 강력한 힘이 필요한 역도나 레슬링과 같은 종목의 선수들은 비교적 땅땅한 체격을 가지고 있지요. 장거리 선수들은 가벼운 체구로 적은 에너지를 쓰면서 오랜 시간 뛰어야 하고, 힘을 쓰는 선수들은 재빠르게 강한 힘을 발휘해야 해서 그런 것이라 할 수 있어요. 농구와 배구 같은 경우는 키 큰 선수가 유리합니다. 100m 달리기 선수는 가속도

**선수와 체격** | 선수들은 체격에 따라서 알맞은 종목이 정해지기도 한다. 수영은 상체가 발달하면 조금 더 유리한 종목이다.

를 위해 무거운 체중에 긴 다리가 유리합니다. 배드민턴 선수는 무엇보다 민첩성이 중요합니다. 수영 선수는 발달한 상체가 유리하고요. 체조 선수는 가벼운 체구에 강한 근육이 필요합니다. 결국 올림픽에 나가는 세계적인 선수들은 신체적으로 해당 종목에 적합하게 태어났더라도, 거기에 후천적인 훈련을 통해 체격이 변하기도 하지요.

### 메달은 노력만으로 얻어지지 않는다

가끔 스포츠에서는 과학이 메달을 만들어 주는 것처럼 표현되기도 해요. 몇몇의 경우에 과학자들은 선수와 코치와 힘을 합쳐서 선수의 기량을 평가하고 더 좋은 기록과 결과를 얻기 위해 노력합니다. 그리고 결과적으로 올림픽에서 메달을 따기도 하지요. 마린보이 박태환 선수가 올림픽에서 첫 번째로 금메달을 딸 때도 몇 년 동안의 과학적 평가와 지원이 있었어요. 박태환이라는 선천적으로 우수한 선수가 고된 훈련을 통해 필요한 기량을 갖추고, 마지막으로 과학적인 지원을 통해 금메달을 목에 걸 수 있었던 것이지요.

과학은 아주 미세한 차이를 만들어 주어요. 선수들의 체력과 기량이 비슷하다면 이제부터는 또 다른 요소들에 의해 경기력을 높여야 하는데 이때 과학이 한몫할 수 있어요. 과학은 체력이나 기량을 높여 주기도 하지만, 경기를 운영하는 전술을 지원하기도 합니다. 최근에는 현장에서 경기를 분석한 자료를 모아 바로 경기에 적용하기도 해요. 이제 메달의 색깔은 오랜 시간 동안의 피땀 흘린 노력만으로 결정되지 않아요.

선수의 경기력을 높이려는 과학의 도움은 이전의 선수와 경기에서 얻어진 경험과 지식, 정보를 바탕으로 해요. 과학자들은 많은 실험과 정보를 가지고 선수가 더 나은 경기력을 갖기 위해 필요한 내용들을 파악하고 적용시킵니다. 이 선수의 장점과 단점이 무엇이며, 그것이 경기력에 어떠한 영향을 미치는지 평가하게 되지요. 그리고 이를 수정하고 바로잡음으로써 더 나아지게 만들어요. 필요하다면 훈련을 통해 바꾸어 나가게 됩니다. 과학적 지원이란 것은 바로 이런 것을 말해요. 그렇게 함으로써 선수는 미세하지만 지난번보다는 조금 더 나은 경기력을 갖게 되지요.

올림픽은 선수나 코치는 물론 스포츠 과학자에게도 경쟁의 장이에요. 최고의 선수와 최고의 기량을 선보이기 위해 모든 것을 쏟아붓습니다. 올림픽에서는 새로운 과학적 정보들이 쏟아져 나오지요. 과학자들에게 올림픽은 과학이 검증되고 실험되는 장이에요. 거꾸로 예상하지 않았던 새로운 과학적 도전이 태어나기도 합니다. 과학은 올림픽을 앞서기도 하지만 올림픽을 따라가기도 하지요.

### 과학이 필수적인 올림픽

올림픽의 모토는 '더 빠르게, 더 높게, 더 강하게faster, higher, stronger'입니다. 경쟁이 가진 기본적인 특성을 잘 표현하는 말이지요. 올림픽에 참가하는 선수들은 이 세 요소 중에 최소한 하나라도 다른 선수들에 비해 높은 자리에 있어야 메달을 딸 수 있습니다. 이 세 요소들은 어떠한 방식을 통해서라도 평가되고, 이는 승부로 이어집니다. 그런데 최근에는 선수들 사이의

기량 차이가 아주 적어, 이 세 요소를 평가하는 데 애를 먹기도 해요. 그래서 과학은 이 세 요소를 평가하고 기록할 수 있는 방법을 지원합니다.

예전에는 시간을 다투는 종목에서 선수의 기록을 초시계로 쟀어요. 육상에서도, 수영에서도 그러했지요. 그래서 심판이나 기록원에 의해 조그만 실수라도 생기면 승부가 뒤바뀌는 경우도 있었으니 심판들은 이를 매우 조심스러워했어요. 아주 작은 차이로 승부가 결정나는 상황이니 올림픽은 더 이상 인간에게 기록을 맡기지 않습니다. 그래서 영상과 센서 및 레이저를 이용해 기록을 측정하게 되지요. 이 기술은 스포츠에 대한 사람

**반칙과 기록** | 펜싱 같은 종목에서 구분이 불가능한 짧은 시간 내 이루어진 터치는 영상 판정을 통해 판단한다.

들의 인식을 바꾸기에 충분했어요. 그리고 정확한 기록과 승부의 가림에 대한 욕구를 자극하게 됩니다.

    과학적 기술력은 시간 판정 외에 다른 판정에도 쓰여요. 영상을 통해 반칙이나 동작의 여부를 다시 평가하기도 해요. 태권도에서 상대방 선수의 유효 신체 부위를 가격했는지 등을 말이지요. 복싱에서 심판들의 공통적인 유효 인정을 자동으로 평가하기도 하고요. 기술력이 없었다면 우리는 아마도 아직까지 심판의 판정에 불복하거나 경기장에서 항의하는 모습을 보고 있을지도 모를 일이지요.

과학은 선수의 기량을 높이거나, 전술과 전략을 분석하거나, 기록을 재고 점수를 줌으로써 승부를 가르는 데 그치지 않아요. 심지어 과학은 경기를 지배하기도 하지요. 예를 들면, 전신 수영복은 물의 저항을 최소화함으로써 선수의 기록을 높이는 데 큰 도움을 주었어요. 그런데 국제수영연맹은 전신 수영복의 착용을 금지합니다. 왜 그랬을까요? 선수의 기량을 다투는 상황에서 수영복이 주가 되면 안 되는데 이를 넘어서 기록을 경신하는 데 영향을 주기 때문이에요. 투창의 경우도 마찬가지예요. 투창의 무게 중심을 조정하여 더 멀리 날아가도록 했더니 새로운 문제가 발생했어요. 거리가 늘어나 투창 경기를 진행하는 운동장 면적 크기를 넘어서게 된 것이지요. 그래서 창의 규격을 제한함으로써 너무 멀리 날아가지 않도록 만들기도 합니다. 결국 과학이 기록을 향상시키는 데 이용되지만 거꾸로 기록이 순수하게 또는 적정하게 유지되도록 조정하기도 합니다.

### 올림픽 과학의 역설

올림픽 과학은 다른 과학에 비해 매우 독특해요. '사람'을 대상으로 '최고 능력'을 가능하게 하는 과학적 기획과 증명이 필요하기 때문이에요. 그러한 면에서 올림픽은 인간의 몸이 가진 잠재 능력과 기량을 세계 최고 수준까지 끌어올리는 모든 방법을 동원할 수 있는 유일한 장이기도 해요. 올림픽에 참가하는 선수들이 세계 최고 수준의 몇 안 되는 사람들이라는 것, 그리고 이들끼리 경쟁한다는 것만 봐도 알 수 있지요? 또한 올림픽과 같이 인간의 최첨단 능력을 실험해 볼 수 있는 기회는 거의 없습니다. 그러니 선수, 코칭, 장비, 기술, 측정, 평가, 판정, 전술, 운영, 지원 등등 올림픽과 관련된 모든 부분에서 최고가 아니면 안 되는 것이지요. 올림픽을 통해 기술이 한 단계 나아가고, 과학적 정보가 또 새롭게 태어나요. 올림픽 과학이 관심을 끌 수밖에 없는 것이지요.

올림픽을 통해 얻어진 과학적 정보와 기술이 올림픽에서만 쓰이는 것은 아니에요. 그 기술과 과학적 정보들은 결국 보

**올림픽과 과학** | 올림픽 안에서 만들어진 과학 기술과 정보는 다시 우리에게 돌아온다.

통의 사람들에게 돌아옵니다. 우리가 현재 알고 있는 운동 방법과 체력을 높이는 방법은 거의 모두 올림픽을 위한 선수들의 훈련 방법에서 나왔다고 할 수 있어요. 장비도 예외가 아니에요. 올림픽과 스포츠에서 개발되고 증명된 운동 장비들은 주위에서 흔히 찾아볼 수 있어요. 운동화가, 자전거가, 수영복이 그러합니다. 선수들이 경기력 향상을 위해 특별하게 만들어서 먹는 음식들은 지금은 기능성 식품이라는 이름으로 팔리고 있습니다.

그런데 과학의 발달과 적용이 언제나 긍정적인 기능만을 해내는 것은 아니에요. 과학 기술의 사용이 때로는 스포츠의 기본적 가치와 개념을 흔든다는 걱정도 있어요. 기록 향상을 위해 만들어지고 쓰이는 장비와 용품이 과연 스포츠의 진정한 가치를 훼손하지 않는가 하는 걱정 때문입니다.

스포츠는 변화하고 진화해요. 올림픽도 마찬가지지요. 이와 동시에 올림픽 과학과 기술도 발전하고 진화합니다. 사람들은 과학과 기술을 이용해 스포츠에서 생기는 불공정한 부분이 개선되기를 바라지요. 과학과 기술이 스포츠와 올림픽을 더욱 긴박하고, 흥미롭고, 정의롭고, 공평하게 만들어 주기를 바랄 뿐입니다.

글. 이대택(국민대학교 체육대학 교수)

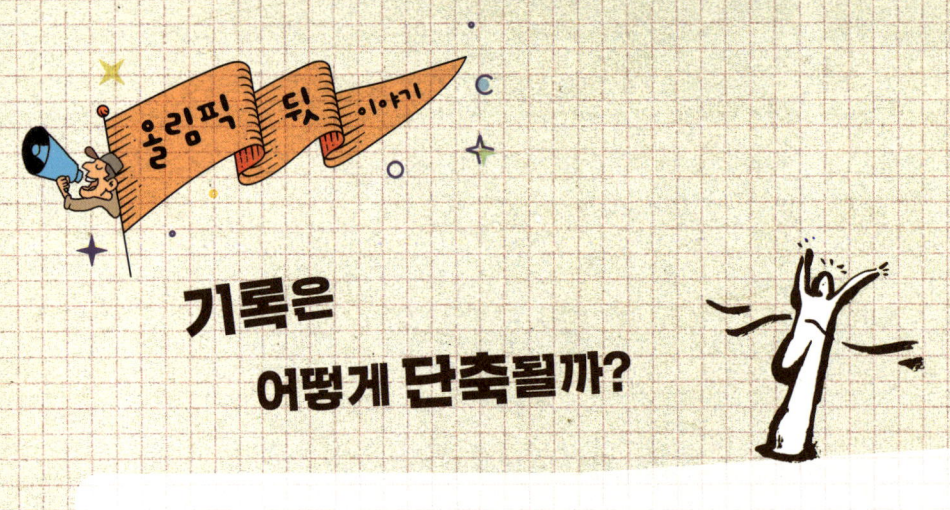

## 기록은 어떻게 단축될까?

올림픽 과학이 흥미로운 것은 일방적으로 선수를 과학적으로 지원하는 것에만 있지는 않습니다. 올림픽을 통해 새로운 과학적 지식이 만들어지고 발견되기도 해요. 그리고 이는 선수에 의해 등장하기도 하고 때론 코치들에 의해 등장하기도 합니다. 심지어 기술자들에 의해 등장하기도 하고요. 우사인 볼트의 경우를 살펴볼까요? 이전까지만 해도 상체를 많

**배면뛰기**

이 움직이면 앞으로 몸을 밀어 주는 힘이 분산되어 불리하다고 생각했어요. 그래서 거의 모든 단거리 선수들은 상체의 움직임을 최소화하는 방식으로 훈련을 했지요. 그런데 우사인 볼트는 누구도 의심하지 않았던 전통적 상식을 깨고 말았습니다. 우사인 볼트의 허리가 휘었다는 것은 이미 잘 알려진 사실이에요. 게다가 그는 달릴 때 상체가 좌우로 상당히 갸우뚱거립니다. 거기에 누구보다 빠른 다리의 움직임이 우사인 볼트를 세계적인 선수로 만든 것입니다.

높이뛰기에서 몸을 뒤로 뉘어서 막대를 뛰어넘는 배면뛰기는 스포츠 과학에서는 거의 충격에 가까운 시도였어요. 이전의 올림픽에서 높이뛰기는 배를 아래도 하고 등을 위로 향해 뛰었지만, 멕시코시티 올림픽에서 딕 포스버리는 최초로 배면뛰기를 선보이고 금메달을 거머쥡니다. 과학자들이 배면뛰기를 과학적으로 분석해 보니 이전의 높이뛰기에 비해 훨씬 더 높이 뛸 수 있는 기술임을 알았습니다. 트랙 자전거 경기에도 새로운 기술이 등장했지요. 자전거 바큇살의 공기 저항을 최소화하기 위해 디스크 바퀴를 사용하게 된 거예요. 이로써 자전거의 기록은 상당히 줄어들었어요. 이처럼 기록은 과학적 분석, 그리고 선수와 코치의 상상력과 다양한 시도 속에서 단축된다고 할 수 있겠어요.

**김재룡**

일찍 등단을 했으나 시인의 이름에 기대지 않고, 서울과 강원도의 여러 공립 고등학교에서 체육 교사로 일해 왔습니다. 문학과 역사와 철학을 공부하면서 인류학과 자전거 타기에도 관심을 갖고 있습니다. 현재 화천고등학교 교사입니다.

**이대택**

스포츠문화연구소 소장이고, 국민대학교 체육대학 교수로 일하고 있습니다. 미국 플로리다주립대학교에서 운동생리학 박사 학위를 받았습니다. 한국체육과학연구원 책임연구원, 미국올림픽위원회 올림픽트레이닝센터 방문연구원을 역임했습니다.

**정성훈**

스포츠 경기장 설계전문 건축가 및 한양대학교 스포츠산업학과 겸임교수입니다. 미시간대 학교에서 건축학을 전공했고, 현재 '로세티'의 이사로서 주로 북미 지역의 프로와 대학 스포츠 경기장을 기획 및 설계하고 있습니다. 평창 동계 올림픽 경기장 시설 자문 등 한국의 스포츠 경기장 발전에 도움이 되고자 힘쓰고 있습니다.

**정용철**

서강대학교 교육대학원 교수이며 체육시민연대 집행위원장입니다. 노스캐롤라이나 대학교에서 스포츠심리학을 전공했고, 미국응용스포츠심리학회 공인컨설턴트(CC-AASP)로 운동선수들에게 심리 기술을 가르치고 있습니다.

**정윤수**

문화 평론가. 성공회대학교 문화대학원에서 박사 학위를 받았고 KBSN스포츠, 마산 MBC 등에서 축구 해설위원을 역임했습니다. 지금은 여러 대학과 기관에서 현대 예술과 도시 문화에 관한 강의를 하고 있습니다.

**최동호**

스포츠문화연구소 이사 및 스포츠 평론가입니다. 경희대학교 일어일문학과를 졸업하고 한국스포츠TV(현 SBS 스포츠) 뉴스센터부, YTN 보도국 스포츠부에서 일했고, IB스포츠 신사업개발 팀장을 지냈습니다. 문화체육관광부 스포츠혁신위원회, 대한체육회 스포츠공정위원회 위원을 역임했습니다.

**함은주**

스포츠문화연구소 대외협력국장입니다. 연세대학교에서 사회체육학으로 박사 학위를 받았습니다.